U0485986

智能化时代的舆论危机新应对
New Approaches to Public Opinion Crisis
in the Age of Artificial Intelligence

高 威◎主编

上海社会科学院出版社

图书在版编目(CIP)数据

智能化时代的舆论危机新应对 / 高威主编 .—— 上海：上海社会科学院出版社，2023
ISBN 978 - 7 - 5520 - 4138 - 5

Ⅰ. ①智… Ⅱ. ①高… Ⅲ. ①互联网络—舆论—研究—中国 Ⅳ. ①G219.2

中国国家版本馆 CIP 数据核字(2023)第 103234 号

智能化时代的舆论危机新应对

主　　编：高　威
责任编辑：霍　覃
封面设计：黄婧昉
出版发行：上海社会科学院出版社
　　　　　上海顺昌路 622 号　邮编 200025
　　　　　电话总机 021 - 63315947　销售热线 021 - 53063735
　　　　　http：//www.sassp.cn　E-mail：sassp@sassp.cn
照　　排：南京理工出版信息技术有限公司
印　　刷：上海新文印刷厂有限公司
开　　本：890 毫米×1240 毫米　1/32
印　　张：5.375
插　　页：1
字　　数：133 千
版　　次：2023 年 10 月第 1 版　2023 年 10 月第 1 次印刷

ISBN 978 - 7 - 5520 - 4138 - 5/G·1261　　　　　　　　定价:58.00 元

版权所有　翻印必究

本书编委会

主　编 高　威
副主编 赵　鑫　张丽娜　张婉莹　赵　莹　高欣蕊

前　言

从 21 世纪初开始，互联网在人们日常工作生活中的渗透日益增强，尤其近几年随着物联网、移动互联网、大数据、5G 等领域的发展，社会信息化达到了前所未有的高度，极大促进了我国的经济社会发展，"信息化社会"随即形成，并不断壮大。

一方面，信息化为社会生产生活带来极大的积极推动作用。信息的爆炸式增长，使得各行各业的决策正在从"业务驱动"向"数据驱动"转变。在社会治理领域，基于数据、面向数据和经由数据的数字治理正在成为全球数字化转型的最强劲引擎，协助政府部门高效找出社会治理中的痛点、难点问题。在商业领域，海量数据的分析可以使企业实时掌握市场动态、品牌口碑、用户痛点、服务短板，并迅速做出应对，可以为商家制定更加精准有效的营销策略提供决策支持，可以帮助企业为消费者提供更加及时和个性化的服务。在媒体领域和科研领域，大数据令媒体调查、科学研究的方法发生重大改变，新闻采编人员和科研人员可通过实时监测、跟踪研究对象在互联网上产生的海量行为数据，进行挖掘分析，揭示出规律性问题，提出研究结论和对策。

另一方面，信息化也为各行各业带来新的挑战。一是随着微博、微信、今日头条、抖音等新媒体平台影响力的不断扩大，传播环境发生了巨大的改变。信息从过去的单向传播演变为今天的双向、多向传播，人人都是信息源，人人都有麦克风，每个人都有信息传播和分享的能力，一个不起眼的小事件，就可能在短时间内迅速发酵，造成巨大的负面影响。在这一背景下，舆论危机的爆发频次和烈度大大增加，使得舆情工作成为政府部门和企业的重要日常工作。二是信息的爆炸和迅速传播增加了政府和企业快速、准确收集舆情和口碑信息，及时做出反应的工作难度。传播平台、传播群体数量不断扩大，舆论表达多中心化，信息传播愈发复杂无序，舆论环境不断发生变化，导致很多基层政府部门和中小企业对舆论意见理解滞后，只能盲目应对，再度增加了危机的爆发概率。三是随着移动互联网的发展，图片、视频类信息的占比逐步逼近文字类信息。近几年随着短视频平台的蓬勃发展，越来越多的举报信息、投诉信息、测评信息、体验信息等率先以视频或图片形式起源，对图片和音视频信息的检索需求越来越迫切。此外，自媒体的兴起导致信息表述越发复杂、越发不规范，且文图混发、文字和视频混发等情况多见，传统的以关键词为基础的检索技术已不能满足新时期舆情工作的要求。

因此，人们迫切需要适合于网络时代的先进的信息检索技术，从海量的、多模态的、非结构化的信息数据快速、准确地发现隐含的、有价值的信息。在这一背景下，智能检索技术浮出水面。

与传统的工作方式相比，借助大数据处理、自然语言处理、计算机视觉、跨模态信息检索等智能检索技术，具有更强的决策力和洞察发现力。近年来，飞速发展的大数据处理技术，解决了海量数据的实时计算、持久存储、高效检索等问题，使基于全量数据进行数据分析挖掘成为可能。同时，自然语言处理技术被广泛应用于文本内容处理，使用中文分词、命名实体识别技术，有效提升检索结果的准确性及相关性，使分析工作不再局限于少量的抽样数据，而是基于全量的相关数据。事件抽取、关系抽取技术的应用，自动发现海量数据中主要事件、关联子事件以及其中内在联系，使数据分析的颗粒度更精细，事件成因分析更深入。情感倾向分析技术，将文本数据中正面、中性、负面的情感倾向进行定性分类，结合大数据统计分析技术，感知网络中对事件的总体情感倾向。多元情绪分析技术，将网民情感进一步量化为喜怒哀恐惊等更生动的情绪表达，使后续的引导工作更具针对性。此外，使用计算机视觉技术，能实现对图片、音频、视频中的信息进行高效、准确的识别与提取，将分析的对象由文本内容拓展到文本、图片、音频、视频相结合的多模态内容，使分析的全面性与科学性进一步得到提升。在舆情领域，大数据分析技术可以帮助用户更快速、更精准地发现目标信息，更全面地掌握事实全貌，更深入地挖掘用户需求和民众诉求。尤其是多模态信息检索技术，已经突破了传统监测系统基于"关键词"的检索模式，升级为跨模态的语义检索模式。

基于语言智能的智能检索技术，我们可以更好地了解民众的真实想法，可以勾勒出社会整体的情绪发展趋势，可以判断出区域关注点和区域情绪变化，可以了解人们对某项事物的评价和诉求，而这些都将成为决策者精准施策的有力依据。

遗憾的是，受限于语言智能技术的高门槛和专业性，很多人仍不能理解人工智能技术对舆情工作的价值，在舆情工作中仍仅依靠定性分析的方法，而不会应用定量分析的方法。但实际上，在舆情工作中如果只依靠定性分析的方法，往往不能全面、客观地认识舆论场，易被人误导，从而得出错误的结论，无法找准矛盾，也就不能有效地进行危机处理和舆论引导。

本书的编辑团队成员均来自语言智能科技企业蜜度设立的研究机构——上海浦东微热点大数据研究院（微热点研究院），以多年来利用智能检索、大数据分析等计算传播领域最新技术，对数千个舆情事件进行研判分析，归纳总结了更具有实践意义的舆情工作基本理念和方法。因此，本书虽然以"舆论危机新应对"为主题，从最基础的舆情、舆论危机等相关概念、传播特征讲起，但自始至终是以信息化、智能化为背景；虽然分享了很多在实际工作中总结的经验、规律，但始终贯穿着新兴技术和智能工具的应用。希望本书能为舆情行业初学者、从业者提供一点参考意见和实操方法。这些新技术均来自微热点研究院的计算传播、自然语言处理、跨模态检索与内容生成等7个基础实验室和5个联合实验室在全媒体、多模态、多语言智能应用领域开展有效的科学研究和应用尝试。

目 录

第一章 认识舆情，从一桩陈年旧事讲起……………………1

第二章 舆论、舆情和舆论危机………………………………9
  一、舆情的相关概念……………………………………9
    1. 什么是舆论………………………………………9
    2. 什么是舆论场……………………………………10
    3. 舆情和网络舆情…………………………………11
    4. 舆论与舆情的区别………………………………13
    5. 舆论、舆论场、舆情和舆论危机………………14
    6. 什么是舆论安全…………………………………14
  二、为什么要重视舆情工作……………………………17
    1. 舆情工作对政务工作的重要性…………………17
    2. 舆情工作对企业的重要性………………………20

第三章 舆论的基本传播规律…………………………………23
  第一节 当下舆论场的基本特征………………………23
    一、传播主体维度………………………………………24
      1. 去中心化…………………………………………24

　　　　2. 去权威化……25
　　二、舆论倾向维度……28
　　　　1. 容错率低……28
　　　　2. 交互性强……30
　　　　3. 情绪化……34
　　三、舆论话题维度……35
　　　　1. 更易突发……35
　　　　2. 传播更广……37
第二节　舆论危机产生的原因……38
　　一、言行不当引发的舆论危机……40
　　二、不当传播引发的舆论危机……41
　　三、突发事件的责任归属及处置不当引发的舆论危机……43
　　四、侵害公共利益导致的舆论危机……45
　　五、涉公权力越界、个体利益受到侵害引发的
　　　　舆论危机……47
　　六、不同社会角色认知差异导致的舆论危机……49
　　七、新媒体运营失误引发的舆论危机……51
　　八、法律法规不完善引发的舆论危机……53
第三节　影响舆论走向的关键因素……56
　　一、原发因素……59
　　　　1. 涉事主体身份……59
　　　　2. 是否引发社会同理心……60
　　　　3. 社会大环境中的阶段热点及公众隐忧……61
　　二、过程因素……62
　　　　1. 处置及回应时间……63

　　　　2. 处置及回应的效度 …………………………………… 65
　　　　3. 高影响力传播者的介入 ……………………………… 68

第四章　应对之前——及时发现与风险研判 …………………… 73
　第一节　及时发现 ………………………………………………… 73
　第二节　风险研判 ………………………………………………… 75
　　一、爆发力度 …………………………………………………… 76
　　　　1. 信息量变化趋势 ……………………………………… 76
　　　　2. 热度指数变化趋势 …………………………………… 76
　　　　3. 热搜榜 ………………………………………………… 77
　　二、传播广度 …………………………………………………… 78
　　　　1. 转发层级 ……………………………………………… 78
　　　　2. 传播平台 ……………………………………………… 79
　　　　3. 参与群体 ……………………………………………… 80
　　三、风险强度 …………………………………………………… 81
　　　　1. 事件类型 ……………………………………………… 81
　　　　2. 舆论情绪判断 ………………………………………… 82
　　　　3. 负面情绪指向判断 …………………………………… 82
　　　　4. 公信力基础判断 ……………………………………… 84
　　　　5. 新闻媒体及意见领袖观点判断 ……………………… 85
　　　　6. 舆论危机博弈因素判断 ……………………………… 86

第五章　舆论危机的应对处置 …………………………………… 87
　第一节　舆论危机的分阶段应对 ………………………………… 88

一、潜伏期……89
 1. 潜伏期的舆论传播特点……89
 2. 潜伏期的舆论特征……89
 3. 潜伏期的应对原则……89

二、上升期……90
 1. 上升期的舆论传播特点……90
 2. 上升期的舆论特征……90
 3. 上升期的应对原则……90

三、爆发期……92
 1. 爆发期的舆论传播特点……92
 2. 爆发期的舆论特征……92
 3. 爆发期的应对原则……93

四、衰退期……93
 1. 衰退期的舆论传播特点……93
 2. 衰退期的舆论观点……94
 3. 衰退期的应对原则……94

第二节 应对效度评估——不可忽视的余音……94
一、正、中、负面情绪对比分析……95
二、六元情绪对比……96
三、微博表情对比分析……96
四、单一网民情绪前后变化分析……97
五、网民观点前后变化分析……98

第三节 舆论危机应对的十个基本原则……99
一、态度端正……100

二、以人为本……105
三、控制情绪……108
四、找准矛盾……109
五、有的放矢……113
六、信息公开……115
七、慎重定调……120
八、诚恳认错……122
九、逻辑严谨……124
十、通俗易懂……127

第六章 建立常态化的舆论危机应对机制……130
一、畅通与公众之间的沟通渠道，积累"信任资产"……130
　　1. 安全运营……132
　　2. 有效运营……134
二、树立良好友善的公众形象，评估日常口碑……134
三、借助语言智能技术从事后应对转变为事前防范……136
四、提前建立危机管理和处理机制……137
五、舆情信息报送和舆情报告……138
　　1. 舆情信息报送的基本要求……139
　　2. 舆情报告分类……140

附 舆情领域常见概念汇总……148

后 记……154

第一章　认识舆情，从一桩陈年旧事讲起

21世纪初，互联网的发展在中国方兴未艾，网络安全工作也随之开始起步。其中2003年是推动网络舆情工作极为重要的一年，在这一年中，接连发生了三起震动全国的重大网络事件：孙志刚案、刘涌案、宝马车撞人案，这三起案件成为中国互联网史上标志性的事件。其中，孙志刚案被视为推动中国法治进程的里程碑式案件，刘涌案引发了社会各界对舆论与法治关系的深入思考。与孙志刚案、刘涌案相比，同年发生在H市的宝马车撞人案从案件本身讲更"小"，但网络舆情特征却更加显著，直到今天仍具有很强的反思价值。因此，本章就从回顾和剖析宝马车撞人案讲起。

【事件起因】2003年10月16日，代某某、刘某某夫妇驾驶着满载大葱的农用车行驶到H省H市人才市场门前。为了躲避从对面驶过来的面包车，代某某将农用车的方向盘向右打了一下。没想到却与停在路边的一辆宝马X5剐在一起。但代某某夫妇并没有察觉，继续开车前行，宝马车则被农用车拖出1.5米左右。此时坐在宝马车内的苏某某姐妹立即下车拦住代某某夫妇。双方激烈争吵后，苏某某打电话报警，然后上车启动车子。后据苏某某自述，她是为了

将车向后倒一下，但实际上，车子却是向前加油驶去，撞入人群，刘某某当场死亡，另有 12 名围观群众受伤。

这一事件在当地引起较大关注。12 月 20 日，宝马车撞人案在 H 市 D 区法院公开开庭审理，当地媒体全部出席旁听，H 省电视台对庭审进行了现场直播。驾驶员苏某某因犯交通肇事罪被法院一审判处有期徒刑二年，缓刑三年，肇事双方当事人就民事赔偿达成协议，并已做出赔偿处理。

【舆论发酵】 这一判决结果在当地坊间引发热议，并很快被人上传到国内几大主要论坛上，迅速成为全国性的爆点话题：该话题在商业门户网站的论坛上点击量名列第一，甚至超过之前"非典"话题；从 2003 年 12 月 20 日至 2004 年 1 月 17 日 16 时，仅在人民网强国论坛里，关于宝马车撞人案的主题帖达 42.5 万条（不含跟帖）。这一数字意味着什么？我们通过近几年的热点事件对比可以看出：发生在 2017 年的 S 省辱母杀人案全网相关信息量是 316.7 万条。2022 年，宝马女司机酒驾撞人后拖行伤者，该事件全网信息量是 9.9 万条。而 2003 年中国上网总人数只有 7 950 万人，2017 年达 7.51 亿人，约是 2003 年的 9.4 倍；到 2022 年 12 月，中国上网总人数已达到 10.67 亿人。在全国上网人数不足 1 亿人的 2003 年，这一事件所引发的网络舆论关注度无疑是极为惊人的，是现在绝大多数热点事件无法比拟的。

在事件第一轮发酵过程中，网民的质疑主要有两点，一是肇事者苏某某是主观故意伤人，还是误操作；二是司法部门的判决是否不公，背后是否存在权钱交易。在当时的各大论坛上，围观网民从宝马 X5 的汽车性能、从量刑的法理依据上展开激烈的讨论，正、反方意见都有，争执不下。

图表数据：

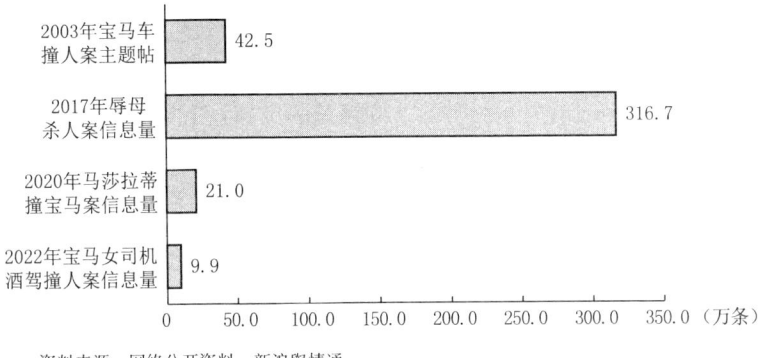

四起热点事件相关信息量：
- 2003年宝马车撞人案主题帖：42.5
- 2017年辱母杀人案信息量：316.7
- 2020年马莎拉蒂撞宝马案信息量：21.0
- 2022年宝马女司机酒驾撞人案信息量：9.9

（单位：万条）

资料来源：网络公开资料、新浪舆情通。

图1-1 四起热点事件相关信息量

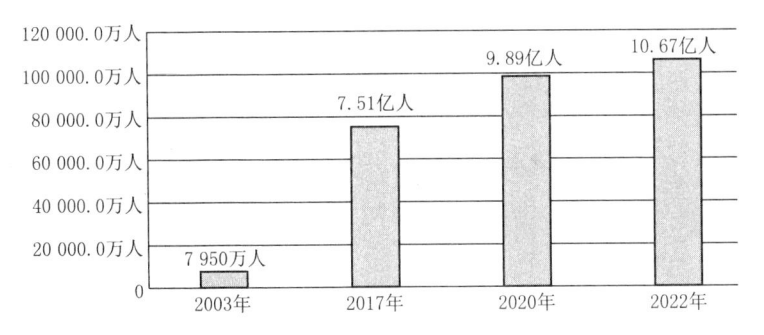

四起热点事件对应年份中国上网总人数：
- 2003年：7950万人
- 2017年：7.51亿人
- 2020年：9.89亿人
- 2022年：10.67亿人

资料来源：网络公开资料。

图1-2 四起热点事件对应年份中国上网总人数对比

【事态失控】 如果舆论仅沿这个方向走，那么事态的发展也许还在可控范围内，但一种新的说法的出现，导致事态迅速失控。

就在宝马车撞人案在网上发酵后不久，一则传言悄然出现，传言称肇事者苏某某是H省一位省级女高官的儿媳妇。这一传言给之前网民质疑的"司法机关判决不公"提供了"证据"，在各大论坛中迅速蔓延，引发了新一轮更为激烈的讨论和抨击。

H省当时的省级女干部只有两人，一是时任省政协主席韩某某，二是时任省人大常委会副主任马某某。传言出现后,有帖文马上为马某某辟谣,表明马某某的儿子、儿媳均在外省工作,关于马某某的传言随后迅速消失。一时间,所有猜测全部直指韩某某,虽然偶有当地知情者在论坛跟帖中为韩某某辩白,但并不为网民接受,网络关注度和舆论声讨更加激烈。

【应对处置】 2003年12月30日,负责事故处理的H市D区交警大队有关负责人接受当地新闻网站采访时表示,苏某某不是H省或H市曾任和现任领导的亲属。直到2004年1月5日,韩某某才接受《新京报》采访,表明自身与苏某某无任何亲属关系,然而此时距事发已近半个月。

宝马车撞人案引发的舆论危机在互联网上爆发后,也迅速引起主流媒体的高度关注,众多国内主流媒体纷纷派记者到H市进行采访、报道,将事件传播范围进一步扩大。但媒体介入并没有按人们预期的那样"挖"出所谓"真相",一家中央级媒体在H市暗访了3天,同样没有找到任何证明材料。在新闻发布会上,交警部门曾恳请新闻单位,如果在调查中有不同证言可以提供,如果不相信公安,也可以向检察机关提供。

2004年1月10日,H市政府新闻办公室就宝马车撞人案发表谈话,称各级领导对此案高度重视,省委常委会在2003年12月30日就对此案进行了研究,确定由司法部门依法进行调查、复查,主要是案件的定性是否准确,量刑是否适度,审理程序是否合法,是否存在司法腐败问题;并表示会尽快给人民群众、新闻媒体一个负责任的答复。

【处置结果】 其后,由H省委政法委组织专案调查小组重新调查认为,宝马车撞人案定性客观准确,量刑及适用缓刑符合法律规定，维持原判，并上报中央纪委。

【事件反思】至此，宝马车撞人案尘埃落定。这样一起引发轩然大波的舆论危机事件并未改变任何事实，以数名涉案公职人员受到处分收尾，是否就判定这是一出"网络闹剧"呢？并不是。正因为舆论的高度关注没有改变事件的结局，这起案件才愈发引人深思。回顾这场舆论风波的起因，可以总结如下几点。

1. 不可忽视的舆论大背景。有网民曾经发帖说，如果撞人的不是牌号为"某AL6666"的宝马车而是拖拉机，同样的判决结果绝不会引起这么大的争议。在这起案件中，人物身份反差强烈，肇事者和受害人之间的身份反差过大，分别代表着两个社会阶层，便激发了社会的"仇富""仇腐"心理。这种"仇富"绝不是对所有富裕阶层的仇视，而是对"为富不仁"的集中发泄。另一方面，对腐败现象的仇视也是这场舆论风波的又一个重要起因。人们在这一事件中的表现实际反映出对公理和公正的呼唤。

2. 互联网使得多元化的大众传播环境逐渐发展。在宝马车撞人案引发舆论风波的全过程中，网络媒体一直起到至关重要的作用。即使到后期传统媒体大规模地介入，也是通过互联网实现着信息的快速交换和放大。在此之前，我国的大众传播基本上是单向的，政府部门和媒体也已习惯了这种单向的大众传播环境。但是，互联网是一种传播速度快、无地域限制和双向互动的新兴媒体，创造出了一种全新的传播环境：任何网民都可以自由地在互联网上发表个人观点，参与评论。

中国的网络媒体在之前的宣传，尤其是新闻宣传中，从未占主导地位，这与其自身缺少原创内容、受众的依赖度和信任度低有关系，也受到网络受众相对较少的影响。但2003年对中国网络媒体的发展来说是至关重要的一年,历经"非典"、孙志刚案和刘涌案的中国网络媒体和网民规模都迅速发展。网络媒体,尤其是新闻网站开始反思自身的公信力和社会责任。而孙志刚案和刘涌案则改变了网民的思维方式,人们意识到单向的大众传播时代已经结束,互联网为过去靠"口口相传"进行的自下而上的舆论传播提供了大平台,调动了广大网民的责任意识和参与意识。网民切身感受到自己的参与权和话语权似乎得到直接的实现,通过互联网参与舆论的热情更加高涨。

3. 信息不畅、回应不及时、信息不透明给谣言提供了发展空间。信息不畅,导致主流媒体失去舆论引导能力。在这起案件中,真正引起舆论风波是在法院判决公布之后。而这时,由于相关部门拒绝接受采访,应该进行舆论引导的主流媒体在"无米之炊"的状态下一齐噤声,之后所有的舆论都是网民自发形成的。在此期间各种版本谣言的疯传又成为舆论最终失控的主要原因。在许多问题得不到合理解释、公众最需要了解事实真相时,却听不到任何来自正规渠道的消息,这就使网民自行做出推断:1死12伤判二缓三——可能存在司法腐败;如此受关注的案件传统媒体却一齐停止报道——可能是上层施压或被肇事方收买;当地领导干部被传言中伤却没人出来解释——可能是心虚不敢接招。

其中也包括重点新闻网站在内的主流声音的缺失,给网络谣言的滋生和快速传播提供了机会。而谣言的泛滥不仅影响到相关人员的个人形象,也影响到政府的形象。宝马车撞人案在引起舆论哗然的半个月后,主流媒体才再次介入此事,但已显得比较被动。显然,信息不及时激化了网络舆论,并令网络舆论偏离了正常的方向。

4. 相关部门应对无策、管理缺失是危机失控的根本性原因。宝马车撞人案引起如此波澜，是政府有关管理部门和社会公众事先难以预料的。应当承认，面对当时迅速发展的互联网传播新环境，政府管理机关、管理者和部分网民还不能适应。当时即有专家和理性的网民认为，在信息传输手段已经多元化的当下，更需要重视和强调正面引导的作用，保证整个社会舆论健康有序的发展；必须适应公众对宪法赋予公民的知情权、话语权的要求，完善双向交流渠道；完善新闻发言人制度，推进阳光政府建设，树立政府的公信力；搞好主流媒体建设，确立主流媒体在公众心目中的公正性和权威性。

通过对宝马车撞人案的回顾可以看出，互联网在全球的普及和高速发展改变了舆论传播环境，互联网已成为思想文化信息的集散地和社会舆论的放大器，网上言论达到前所未有的活跃程度，互联网日益成为社会各阶层利益表达、情感宣泄和思想碰撞的平台，进而产生巨大体量的舆论信息。而随着社交媒体平台的发展，传统主流媒体的议程设置能力进一步下降，舆论场上话语体系的不可控性增强。这些变化是一把"双刃剑"，既为社会治理、经营活动带来了新的机遇和发展动力，又带来了巨大的挑战。

宝马车撞人案距今已有 20 年。在这 20 年中，中国互联网环境发生了巨大的变化：网民数量极速膨胀，网民结构悄然改变，主舆论平台几经更迭……在互联网几乎成为现实世界映射的今天，人们对舆情工作的认知程度也达到空前水平。无论是政府部门还是企事业单位，对舆情工作日益重视，对舆论危机的反应速度越来越快，应对能力也在不断增强。但即便如此，舆情所带来的压力并未得以缓解：舆论危机爆发的频次越来越高，舆论环境越来越复杂，应对效果仍不理想，众多基层政府部门和中小企业对舆情工作的认知程度仍然不高、应对能力有待提升，20年前宝马车撞人案中反映出的基本问题在今天仍然一再上演。

要避免舆论危机的产生和带来的负面影响，就需要对"舆情"传播的基本原理和特征有一定的了解。希望大家能通过本书掌握舆情基本知识，了解经典案例，提升工作能力。

第二章 舆论、舆情和舆论危机

通过前面所述经典案例及大家在日常生活中遇到的各类舆论危机事件，相信大家对舆情都有了初步的认识。但对舆情的概念、舆情工作的范畴及演进过程，我们还需有进一步掌握。

一、舆情的相关概念

舆情不是一个孤立的概念，它的产生和演进与舆论、舆论场、舆论危机息息相关。因此，我们首先要将这些与舆情相关的概念，及其之间的关系梳理清晰。

1. 什么是舆论

"舆"字始见于战国文字[1]。另有学者认为此字在甲骨文中就已出现，其字形像四只手抬着一副坐轿，本义指抬、举。[2] 舆指车厢，引申指车，又指轿子，又引申表示运载。大地如车舆，承载众生，由此转喻疆域、大地。由舆字像四只手抬轿的样子，又引申表示为众、众人之义。[3]

"舆论"一词即由此引申、化用而来，是社会中相当数量的人

---

[1] 李学勤，赵平安. 字源[M]. 天津：天津古籍出版社；沈阳：辽宁人民出版社，2012：1247.
[2] 何金松. 汉字文化解读[M]. 武汉：湖北人民出版社，2004：817—818.
[3] 商务印书馆辞书研究中心. 新华写字字典：2版[M]. 北京：商务印书馆，2011：427.

对于一个特定话题所表达的个人观点、态度和信念的集合体。

在当下的生活中，我们经常可以看到媒体报道说某某事件引发了"舆论争议""舆论热议""舆论谴责"等。我们还经常能看到"舆论反转"这个词，指的是在事件发生初期，公众获知的信息不完整、被误导等原因而形成了某种主流舆论，但随着事件更多真实信息被披露，主流舆论出现逆转的现象。

2. 什么是舆论场

舆论场是由各种声音构成的场域，但舆论场并不是各种声音的简单叠加，而是各种声音经过多方位的交错、协调、组合、博弈，最终形成的社会意见。我们可以把互联网理解为一个大的舆论场，每个社交媒体平台可以视为一个小的舆论场——例如微博上的舆论场、知乎上的舆论场等；也可以把同一平台上关注不同话题的人群划分为小的舆论场——例如微博上的粉丝舆论场、社会热点舆论场、女性话题舆论场等。

我们之所以要强调"舆论场"的概念，是因为舆论不是静态的、不是一成不变的，不是某个人或某个群体单向地表达意见；它是动态的，不同类型的声音在"场"里互相传递、互相影响、互相交换，还有人在里面有意或无意地鼓动气氛、引导舆论走向。在这种动态的、复杂的作用下，舆论也会随之相应改变，使得舆论场里面个体的人对某个事物的看法也随之坚定或发生改变。也就是说，即使是同一个人，因为先后接收的信息发生变化，因为受到他人意见的影响，也可能坚定或改变自己所持有的观点和意见。舆论场中的这种动态的、相互作用的关系，不仅体现在某一个具体事件中，也体现在某一个阶段中多个事件的相互交织、影响。

舆论场的这种动态可以通过一个例子来说明。2020 年五四青年节前夕，哔哩哔哩发布了一条题为《后浪》的短视频，国家一级演员何冰在视频中登台演讲，认可、赞美与寄语年轻一代："你们有幸遇见这样的时代，但时代更有幸遇见这样的你们。"这条视频发布后迅速"出圈"，在微信、微博等社交媒体平台被广泛传播、称赞。然而，第二天就有媒体对这一完全"正能量"的视频发出质疑，认为"全篇鸡汤式的口号"有"讨好"之嫌，认为视频里生活多姿多彩的"up主"只是少部分人，并不被年轻一代"买账"等。从新浪舆情通的监测分析来看，视频发出当天的敏感信息占比只有0.8%，而在第二天质疑声音出现后，敏感信息占比随之快速上升至4%。这里面值得深思的是，当舆论主要表达支持和赞美时，人们也会随之赞美和感动，持负面态度的人往往选择沉默；而当有一定影响力的人或机构表达疑问后，也会引发人们表达心中的疑问和不满，这就是舆论场中"场效应"的结果。

了解了舆论场的这一特性，才能更好地理解舆情、舆论危机产生的原因，以及如何进行舆论引导。

3. 舆情和网络舆情

了解了什么是"舆论"后，对"舆情"的概念就比较好理解了。

对于"舆""情"两个字的含义，有的版本解读为"舆论情况"，有的版本解读为"舆论情绪"。

《辞源》中把"舆情"解释为"民众的意愿"。在百度百科目前的定义中，舆情是指在一定的社会空间内，围绕中介性社会事件的发生、发展和变化，作为主体的民众对作为客体的社会管理者、企业、个人、其他各类组织及其政治、社会、道德等方面的取向产生和持有的社会态度，这个定义是由天津社会科学院舆情研究所所长王来华给出的。

网络舆情是社会舆情在互联网空间的映射，是社会舆情的直接反映。传统的社会舆情存在于大众的思想观念和日常的街头巷尾的议论之中，前者难以捕捉，后者稍纵即逝，舆情的获取只能通过社会明察暗访、民意调查等方式进行，获取效率低下，样本少而且容易导致偏颇，耗费巨大。而随着互联网的发展，大众往往通过互联网发表各自看法，网络舆情的获取方便快捷，效率高而且信息真实度高（没有经过人为加工），覆盖面更全。

通俗一点来说，我们每天在互联网上能看到各种各类的事情发生，大到某地发生山体滑坡，小到邻里发生口角，远到某明星官宣离婚，近到家门口堵车，这些都可以统称为事件；除了事件，还有很多社会现象，例如大龄青年恐婚，例如女权主义抬头，例如"打工人""干饭人"的流行，这些都属于一个阶段内的社会现象。那么对于这些事件和社会现象，人们都会持有自己的看法和态度，例如赞成、反对、"吃瓜"、嘲讽、攻击、提出改进建议等，这些反应和情绪汇集在一起，就形成了"舆情"。

在理解舆情概念时，有几个要点需要注重把握。

（1）舆情是民意集合的反映，即民意是形成舆情的始源，没有民意，就没有舆情。[①]

（2）网络舆情所反映的民意，并非真实世界的全部民意；虽然截至 2022 年 12 月，中国网民规模已达 10.67 亿人，但并非全部网民都会对社会问题公开发表意见，"沉默的大多数"不可忽视。

（3）虽然网络舆情所反映的民意并非真实世界的全部民意，但网络舆情具有极强的影响力和导向作用，必须加以足够的重视。

---

① 参见百度百科，"舆情"词条。

（4）舆情中所反映的民意，说到底是民众对自身利益需求的一种诉求和表达，它不仅包括民众对国家政治的看法、意见和态度，还包括民众对社会事物的看法、意见和态度。

（5）"舆情"本身是个中性词，而不是贬义词；它既可以是正面的民意集合、负面的民意集合，也可以是有争议的民意集合。虽然人们常常用"舆情"指代负面舆情事件，但舆情工作并非只为了发现负面的问题，正面的舆情信息对用户一样也具有参考价值。

4. 舆论与舆情的区别

"舆论"的概念与"舆情"的概念很相似，那么这二者之间的区别是什么呢？

从可查到的资料来看，关于"舆论"与"舆情"的区别，目前没有一个统一的、明确的说法。综合各方观点，结合我们自身的工作经验和认知，这二者的区别如下。

（1）舆论是个宽泛的概念，可以指代人们对任何事物所表达的观点、态度和信念；而舆情则是相对较窄的概念，通常是有明确的主体情况下，围绕某一主体产生的舆论情况才称作舆情。例如，某地网民在某个时间段内的舆论关注热点共有10个，但其中只有5件事与当地社会治理工作有关，那么对当地政府部门来讲，只有与这5件事相关的舆论情况汇总，才会被其视为"舆情"。

（2）二者在应用场景上通常有些差别：舆论往往是指多数人的意见，强调的是共同的、一致的或多数人的意见；而舆情可以是个人的情绪、意愿、态度或意见，我们在提到"舆情"一词时，通常表达的是多种情绪、意愿、态度和意见的汇总。

（3）舆论必须是公开发表的意见；而舆情可以是公开发表的意见，也可以是内隐的情绪、态度、意愿等。

5. 舆论、舆论场、舆情和舆论危机

我们现实生活中遭遇的各类事件被以文章、图片、视频、评论等形式上传到互联网上，就进入了网络舆论场，生成网络信息，人们对此表达着各种观点、意见、态度和情绪，形成了各种声音。这些声音互相交错、协调、组合、博弈后，形成主流舆论，对社会或涉事主体产生一定的影响。这些影响如果是正面的或中性的，那么会被视为宣传报道和普通的传播事件；如果影响是负面的，那么就会被视为负面舆情事件，这时就要判断其是否已经被扩散、是否已引发舆论较高的关注。

如果事件还未扩散，则作为普通负面舆情事件进入日常舆情管理流程，核实及解决问题，并对舆论走向保持关注，直至没有更多新增的网络信息出现。

如果事件已经被扩散、已引发舆论较高的关注度，那么就要将其列为舆论危机事件，迅速启动舆论危机应急程序进行应对。如果反应及时、应对得当，那么就会获得舆论的谅解，舆论关注度将正常下降，危机解除；如果反应迟缓、应对失当、不能从根本上解决问题，那么就会导致涉事主体公信力下降、形象受损。

而普通负面舆情事件如果应对失当，可能会转化为舆论危机事件。

6. 什么是舆论安全

对于"舆论安全"，学者的研究多集中在国家安全层面上。一般认为，国家安全体系至少包括政治安全、经济安全、军事安全、社会安全、文化安全、科技安全及生态安全等。[1] 舆论安全是国家

---

[1] 马维野.全球化时代的国家安全［M］.武汉：湖北教育出版社，2003；曹峻，杨慧，杨丽娟.全球化与中国国家安全［M］.北京：社会科学文献出版社，2008.

第二章　舆论、舆情和舆论危机　15

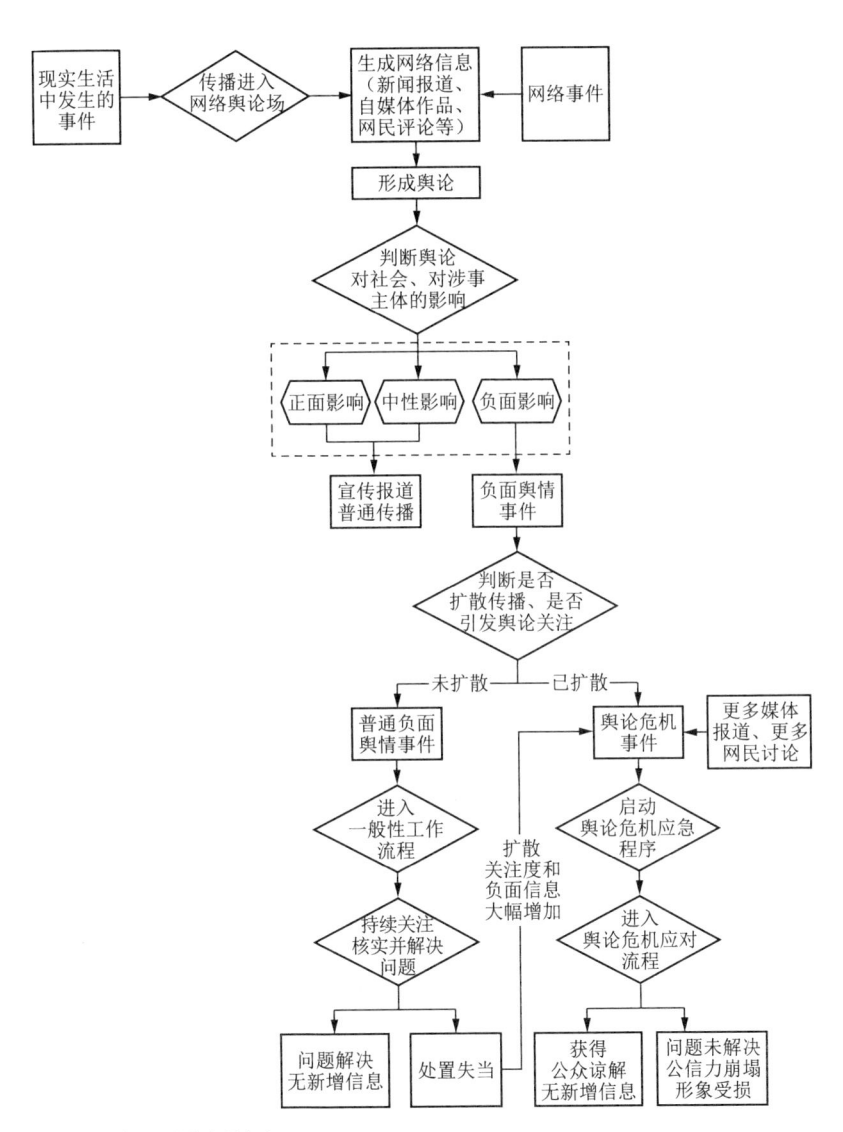

图 2-1　舆情事件演化及处置三分法

资料来源：微热点研究院。

安全体系的重要组成部分，它是国家安全的舆论形态，是国家安全在舆论领域的体现。①在《舆论安全：一个务须重视的现实课题》一文中，中国人民大学国际关系学院博士研究生、求是杂志社编辑赵强将其等同于"国家舆论安全"，即舆论安全是指在复杂多变的国际国内环境中，国家舆论的传播、引导和自我更新能力免受威胁和危害，国家舆论在维护政治统治、塑造国家形象方面的基本功能得以正常发挥的状态。②《智能化条件下的网络舆论安全：挑战、机理与应对》一文将舆论安全定义为"国家安全在舆论领域的体现，即内外部的公众言论意见不会对国家政权、安全与发展造成损害和冲击"。③

中共广东省委宣传部副部长、博士黄斌在《网络时代的舆论安全与政治安全》一文中指出，舆论安全意味着舆论作用正向、传播有序、阵地可控。反之，舆论安全就受到威胁。④发表在《新闻研究》的《舆论安全助推社会安全》一文认为，舆论安全是公众意见和态度的正确表达，有利于国家利益的维护和社会的安全稳定，舆论安全与否，直接影响到社会安全。⑤

本书提到的"舆论安全"，是指机构、组织为维护自身舆论作用正向、传播有序所开展的信息监测、风险研判、应对措施、效果评估等工作。舆论安全涉及的对象既包括作用正向的舆论、有序的舆论环境，也包括作用负向的舆论、无序的舆论环境。

---

① 何金松. 汉字文化解读［M］. 武汉：湖北人民出版社，2004：817—818.
② 赵强. 舆论安全：一个务须重视的现实课题［J］. 马克思主义研究，2010, 2.
③ 刘箫锋，刘杨钺. 智能化条件下的网络舆论安全：挑战、机理与应对［J］. 东南传播，2022, 9.
④ 黄斌. 网络时代的舆论安全与政治安全［J］. 广东社会科学，2018, 6.
⑤ 刘建强. 舆论安全助推社会安全［J］. 新闻研究，2017, 6.

二、为什么要重视舆情工作

正如前文所述,舆情是"民意"的反映,是人们意见、态度、情绪的总和,无论是政府部门的社会治理工作,还是企业的经营活动,都离不开舆情工作。

1. 舆情工作对政务工作的重要性

随着互联网在人们日常工作生活中的深入渗透,舆情工作已经成为政府部门了解社情民意、把握舆论动向、对突发事件做出快速响应和处置的重要手段。

党的十八大以来,以习近平同志为核心的党中央,在实现"两个一百年"奋斗目标、实现中华民族伟大复兴的中国梦新征程中,坚持底线思维,增强忧患意识,高度重视防范化解重大风险。习近平总书记就为什么要防范化解重大风险、防范化解哪些重大风险、如何防范化解重大风险做了一系列重要论述。2018年8月21日,习近平总书记在全国宣传思想工作会议上指出,"我们必须科学认识网络传播规律,准确把握网上舆情生成演化机理,提高用网治网水平,使互联网这个最大变量变成事业发展的最大增量。"[1]2019年1月,习近平总书记在省部级主要领导干部坚持底线思维着力防范化解重大风险专题研讨班开班式上发表重要讲话,深刻分析了需要着力防范化解各领域重大风险,强调"面对波谲云诡的国际形势、复杂敏感的周边环境、艰巨繁重的改革发展稳定任务,我们必须始终保持高度警惕,既要高度警惕'黑天鹅'事件,也要防范'灰犀牛'事件;既要有防范风险的先手,也要有应对和化解风险挑战的

---

[1] 习近平.习近平谈治国理政 第三卷[M].北京:外文出版社,2020:311.

高招；既要打好防范和抵御风险的有准备之战，也要打好化险为夷、转危为机的战略主动战。"①

从政府部门角度出发，必须清醒认识政治安全领域风险的错综复杂，意识形态领域风险的多样多变，社会经济领域风险的交织叠加。特别是在我国经济社会深刻变革、利益格局深刻调整的大背景中，人们思想活动的独立性、选择性、差异性显著增强，网络舆论热点易发、多发成为当前社会舆论的重要特征。可以说，网络舆论场的"黑天鹅"与"灰犀牛"已成常态，其破坏力不可小觑。因此，政府部门必须始终坚持思维底线，积极防范化解网络舆论场风险，这越来越成为我国治理体系和治理能力现代化的重要方面，也是各地区各部门面临的极其重要而紧迫的任务。②

从另一个角度讲，舆情并非只有破坏力，它对完善制度、发现问题、开拓思路、推动工作有着很好的促进作用。2020年9月，习近平总书记对"十四五"规划编制工作网上意见征求活动作出重要指示时强调，要更好发挥互联网在倾听人民呼声，汇聚人民智慧方面的作用。从近年来多起舆论危机事件的后续来看，都从实质上帮助政府部门改进了工作方式方法，甚至修订相关法律法规、推动了法治进程。例如最高人民法院在2017年、2018年连续两年发布的"年度推动法治进程十大案件"中，就包括之前在互联网上引发舆论热议的于欢案、徐玉玉案、医生电梯劝阻吸烟无责案等。在2020年底通过的刑法修正案中新增的13条条文，其中部分刑事责任年龄下调、加大对未成年人保护力度、增加高空抛物和抢夺公交车方向盘犯罪等，都与之前的舆论争议事件相关。如《工人日报》就对

---

① 习近平.习近平谈治国理政 第三卷[M].北京：外文出版社，2020：219—220.
② 中璋.效应：舆论传播的100个定律[M].北京：中信出版集团，2020：5，总序.

下调刑责年龄发表评论文章,称赞"此举回应社会关切,顺应社会期许"。

近几年来,国家有关部门、各级政府部门陆续出台各类政策,强调做好舆情工作。

2016年,国务院办公厅印发《国务院办公厅关于在政务公开工作中进一步做好政务舆情回应的通知》(国办发〔2016〕61号),要求"各级政府及其部门要高度重视政务舆情回应工作,切实增强舆情意识,建立健全政务舆情的监测、研判、回应机制,落实回应责任,避免反应迟缓、被动应对现象",并强调"进一步明确政务舆情回应责任""对涉及地方的政务舆情,按照属地管理、分级负责、谁主管谁负责的原则进行回应,涉事责任部门是第一责任主体"。文件还明确要求,"对涉及特别重大、重大突发事件的政务舆情,要快速反应、及时发声,最迟应在24小时内举行新闻发布会,对其他政务舆情应在48小时内予以回应,并根据工作进展情况,持续发布权威信息"。文件还要求,"建立政务舆情回应激励约束机制。各地区各部门要将政务舆情回应情况作为政务公开的重要内容纳入考核体系"。

2018年4月,国务院办公厅印发《2018年政务公开工作要点》(国办发〔2018〕23号),提出"围绕社会重大关切加强舆情回应。增强舆情风险防控意识,密切监测收集苗头性舆情,特别是涉及经济社会重大政策、影响党和政府公信力、冲击道德底线等方面的政务舆情,做到及时预警、科学研判、妥善处置、有效回应。""提高政务舆情回应的主动性、针对性、有效性。稳妥做好突发事件舆情回应工作,及时准确发布权威信息。开展政务舆情应对工作效果评估,建立问责制度,对重大政务舆情处置不得力、回应不妥当、报告不及时的涉事责任单位及相关责任人员，要予以通报批评或约谈整改。"

2019年4月，国务院办公厅印发《2019年政务公开工作要点》（国办发〔2019〕14号），要求"对政府出台的重要改革措施和涉及群众切身利益、容易引起社会关注的政策文件，牵头起草部门要认真做好舆情风险评估研判，制定应对处置预案。进一步强化舆情回应意识，坚持将政务舆情回应作为网络舆情处置工作的重要环节，落实政务舆情回应的主体责任。""要加强舆情监测、研判、回应，及时解疑释惑，理顺情绪，化解矛盾。加强重大突发事件舆情风险源头研判，增强回应的针对性，坚持正确的舆论导向。"

2020年6月，国务院办公厅印发《2020年政务公开工作要点》（国办发〔2020〕17号），要求"密切关注涉及疫情的舆情动态，针对相关舆情热点问题，快速反应、正面回应。有关地方和部门主要负责人要带头主动发声，以权威信息引导社会舆论。"

2022年4月，国务院办公厅印发《2022年政务公开工作要点》（国办发〔2022〕8号），在落实政务公开主体责任方面要求"推动落实信息发布、政策解读和政务舆情回应主体责任。在发布重大政策的同时做好解读工作，主动解疑释惑，积极引导舆论，有效管理预期。充分评估政策本身可能带来的各种影响，以及时机和形势可能产生的附加作用，避免发生误解误读。加强政务舆情监测和风险研判，前瞻性做好引导工作，更好回应人民群众和市场主体关切，为经济社会发展营造良好氛围。"

2. 舆情工作对企业的重要性

企业的发展要吸引更多消费者的关注，就更需要提升在消费者中的口碑。在互联网时代，人们获取信息的方式发生了重大变化，对品牌的认知和评价方式也随之发生了重大变化。传统的"酒香不怕巷子深"、口口相传的品牌推广方式或仅凭广告单向轰炸的方式显然已不能适应时代的发展。任何经营实体想做大,都必须寻找到合适的广告传播、公关传播、人际传播平台和传播方式。互联网的高速发展、传播平台的丰富性和传播方式的多样性无疑为企业提供了更多的机会,但双向传播甚至多向传播的出现,使得品牌口碑的不确定性增加,品牌危机的爆发概率也极大增加。

企业由于经营链条长、涉及环节多、服务对象广,品牌危机可能从任何一个环节中被爆出。这种危机有可能是由于产品质量出现问题,可能是营销活动中出现问题,可能是员工服务态度出现问题,也可能是企业经营者或高管私生活问题,甚至企业本身没有任何问题,但所选的代言人出现问题,都可能会导致企业陷入危机中。这些问题所引发的危机一旦处置不当,将影响企业声誉、降低消费者对产品或服务的信任度,从而影响经营收入,上市公司会影响到股票和市值,严重的甚至可导致企业直接倒闭。

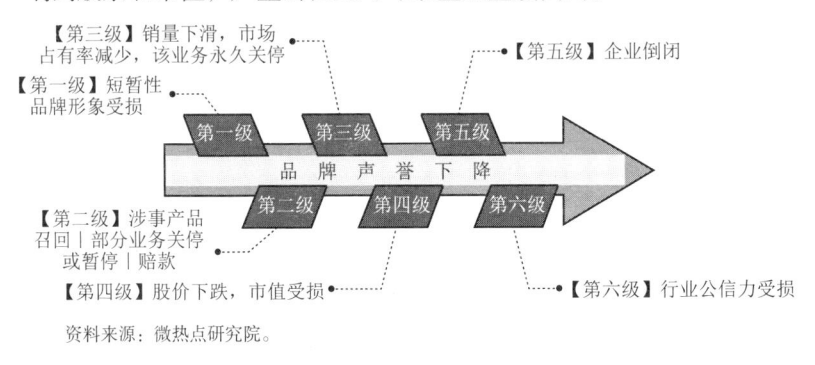

【第三级】销量下滑,市场占有率减少,该业务永久关停
【第一级】短暂性品牌形象受损
【第二级】涉事产品召回丨部分业务关停或暂停丨赔款
【第四级】股价下跌,市值受损
【第五级】企业倒闭
【第六级】行业公信力受损

品牌声誉下降

资料来源:微热点研究院。

图 2-2 品牌危机引发的负面效应等级

如韩国"素媛案"罪犯赵某某出狱后引发公众恐慌,连赵某某所穿的羽绒服牌子也被韩国网民扒出,涉事的某羽绒服公司紧急回

应,"郑重请求媒体报道时裁掉Logo,或打马赛克处理。"2019年,涉嫌猥亵幼女的王某某到公安机关接受调查后,其曾任董事长的某公司港股迅速杀跌,跌幅最多超过26%,A股亦连续跌停,其债券也大幅杀跌。

因此,不仅政府部门要重视舆情,越来越多的企业也开始重视舆情工作。尤其是商场、餐饮、电商、课外辅导机构、物流配送等大中型服务类企业,以及快销品、服装、3C等面向个体消费者生产某种产品的行业企业,对舆情工作的重视程度更高。

第三章　舆论的基本传播规律

从我们对舆论场的观察来看，每年爆发出大量的负面舆情事件，涉及各个行业、各个领域。看起来好像各类负面舆情事件的产生原因、传播情况、舆论反馈不尽相同，但深究起来，其中都有一定规律可循。因此，了解当下舆论场的基本特征、掌握舆论传播的基本规律，才能在日常工作中避免引发舆论危机，在遭遇舆论危机时才能有序应对。

虽然舆论场是极为复杂的，舆论危机事件的起因和危机形成也都各有不同，但其中仍有一些共通的基本特征和规律，可供我们了解掌握。

第一节　当下舆论场的基本特征

因为信息的主要载体在不断发生变化（从报纸、广播、电视、PC到移动互联网），传播方式也在不断变化（从单向传播到双向传播，再到多向传播），舆论场中的主要人群年龄结构、学历等也在不断变化，网络舆论生态一直在悄然重构，因此不同时期的舆论场基本特征也是不同的。在本书中，我们从传播主体、舆论倾向、舆论话题三个维度，讨论近几年舆论场的基本特征。

一、传播主体维度

1. 去中心化

这个"中心"指的是信息发布的中心,即主要信息来源。在互联网占据传播主导地位之前,人们获取信息的主要渠道是依靠主流媒体,如《人民日报》及地方报纸、广播电台、电视台等发布的信息,即使有不同声音的出现,也只能在小范围传播,很难扩散。而在移动互联网蓬勃发展的今天,人们获取信息的渠道多样化:除主流媒体发布的信息外,政府部门、企业、个体公民都可以通过各类社交媒体平台发布信息。正是因此,我们能看到当下很多舆论危机事件并非由主流媒体报道引发,而是在社交媒体平台上率先曝出;而主流媒体也会紧跟社交媒体的热点,通过报道来进行扩散传播。

【案例:魏则西事件】 2016年4月,某大学21岁学生魏则西因滑膜肉瘤病逝。他去世前在知乎网站撰写治疗经过时称,在某搜索引擎上搜索出某医院的生物免疫疗法,随后在该医院治疗后致病情耽误,此后了解到,该技术在美国已被淘汰。魏则西的回答帖文在其去世后引发了网络热议,"魏则西回答帖""魏则西去世消息"和"某引擎搜索滑膜肉瘤排名第一的是某医院"的截图在微博上被转载1万余次,网民在转载评论中称"要某搜索引擎给合理说法",随后主流媒体跟进,魏则西事件引爆全网,有关部门介入调查处置。

【案例:T市烧烤店打人事件】 2022年6月,T市烧烤店打人事件引爆舆论。该事件首先由网民"繁华落尽只留芳华"曝出,其爆料信息中包括现场视频,还附带公安超话、T市超话、揭露犯罪超话，进一步放大了影响力。该爆料信息被评论 8.5 万次、转发 5.9 万次，令 T 市烧烤店打人事件在短时间内形成舆论风暴。此后，有关部门介入调查处置，媒体也随之关注、报道此事，并对犯罪嫌疑人的身份、经历、疑似有保护伞等问题进行深度报道。

【案例：某酒店裸男闯女客房间事件】 2021 年 8 月 5 日晚，美妆博主 F 发布视频爆料自己入住某酒店时遭遇半裸男子擅闯房间。该美妆博主当时粉丝数达到 20 万，再加上其声泪俱下的"控诉"、酒店监控录像及警方行政处罚等"实锤"，令这一爆料微博迅速扩散，达到 19.8 万次转发、21.2 万条评论、451 万次点赞，视频阅读量更是达到 5 406 万次。根据新浪舆情通统计，该事件的核心传播媒体 TOP10 带动转发总量为 5.4 万。对比爆料微博获得的转发量，美妆博主 F 可谓以"一己之力"引爆了舆论。

资料来源：网络公开资料、新浪舆情通。

图 3-1 某酒店裸男闯女客房间事件核心传播者

2. 去权威化

去中心化导致舆论场出现第二个基本特征，即去权威化。在主流媒体占据舆论场主导地位时，其权威性和公信力更强。而在当下的舆论场中，由于信息渠道的多样化、多向传播特征，任何人均可随时发声。传统媒体传播力、影响力下降，且大众受自媒体多元信息流冲击，在新闻事件发展的一定阶段内，公信力受到极大挑战。与主流媒体公信力下降相对应的，是一些自媒体作者因其知识储备的专业性而成为意见领袖。在这一背景下，主流媒体或官方所发布的信息出现漏洞或与人们的认知出现差异时，往往就会受到质疑。有两个案例非常典型。

【案例：华南虎事件】 2007年，S省农民周某某自称用胶片和数码照相机同时拍摄到两组清晰的野生华南虎照片，经当地林业部门组织野生动物专家和影像专家共同鉴定，照片是真实的；因华南虎被认为已在野外绝迹，因此这一事件被媒体大量报道和转载。但很快，网上出现了题为《陕西华南虎又是假新闻？》的帖子，有帖主综合网上质疑，在文章里提出老虎图片的6个疑点，指出该新闻所配的老虎图片有PS之嫌，并呼吁网民帮忙鉴定。随后，照片真实性受到部分网民、华南虎专家和中科院专家等方面质疑，并引发全国性关注。最后，华南虎照片被证实的确是假照片，周某某也因诈骗罪获刑。

【案例：网络红人"花总丢了金箍棒"】 "花总"因一系列网络热点事件为人所知。他曾根据新闻照片鉴定过多位官员的手表，其中最知名的就是给被网民称为"表哥"的S省安监局原局长杨某某做"手表鉴定"，最终导致杨某某落马。花总被认为是网络反腐代表人物，也因撰写《装腔指南》、揭露某协会而受到关注。花总以客观、理性的网络形象活跃在互联网上，一家权威新闻网站称其为"知识构成相对专业，思想观点较为理性的意见群体"代表。2018年11月，花总发布了一段题为《杯子的秘密》的视频，视频中揭露了多家国内知名五星级酒店用脏毛巾擦杯子或马桶的现象，令国内多家知名五星级酒店身陷舆论危机。

【案例：辛吉飞的"科技与狠活"】 2022年9月份以来，"海克斯科技与狠活"风靡全网，一个名叫"辛吉飞"的博主凭借"科技美食"的制作方法收获了近900万粉丝。据了解，辛吉飞曾是一个路边摊摊主，因为生意不好，后转行开始拍摄一些短视频。在辛吉飞早期的短视频中，主要是一些摆摊日常，没什么人看，传播量有限，也赚不到钱。在偶然间，他走上了路边摊食品科普博主的道路，开始拍摄一些地摊食品的制作视频。在这个过程中，辛吉飞的制作流程逐渐转向专业化、标准化和网红化。在他的视频里，揭秘了很多地摊食品鲜为人知的内幕。其中，主要揭露食品添加剂的视频，受到了网友的广泛关注。辛吉飞用化学实验的方式让消费者看到了食品行业的内幕。

【案例："熟蛋返生"论文被推翻】 2021年4月，一篇发表在某学术理论期刊上的"熟蛋返生孵小鸡"论文在网上引起热议。论文声称，可用超心理意识能量方法，将熟鸡蛋重新变成生鸡蛋，并将返生后的生鸡蛋孵化成雏鸡。该事件最早由网民在微博、知乎等平台曝出。知名游戏博主"游戏圈资讯君"发布配有该论文及万方收录截图的微博。在该微博的评论区，网民纷纷留言"从头到尾都没写实验原理""一半的文字是写鸡蛋的结构""返生是通过特异学生的意念和能量传播"质疑论文的科学性。众多网民的质疑推动"熟蛋返生"论文曝光在公共舆论视野内，也促使这类论文及其产业链被治理。学术论文的科学性，不再仅仅依赖权威机构或专家的鉴定，而是经由网民讨论后形成群体意见，倒逼监管部门调查。这种去权威化的特征，可以促进更加开放、多元的知识生产和传播格局，同时也要求公众具备更加科学的思辨和判断能力，避免受到网络信息的误导和影响。

二、舆论倾向维度

1. 容错率低

去权威化又引出了当下舆论场的第三个基本特征，即容错率低。权威化意味着公信力强，意味着所发布信息的被接受和认可程度高；而去权威化则导致人们并不因信息来源是权威媒体或官方就天然信任。在众多受众中，总有一部分人倾向于独立思考或因拥有某个领域的专业知识而对某类信息有较强的辨识度，甚至有极少部分网民只因喜欢挑战权威而发出质疑的声音。在这种情况下，任何主流媒体、官方所发布的信息都需更加严谨、经得起推敲。否则，一旦有网民发现其中存在漏洞、信息不一致、数字对不上、不能自圆其说等情况，就会被质疑所发布信息的真实性或专业性，进而形成舆论危机事件，影响自身的公信力。

【案例：F市一货车遭追截打砸 通报"不严谨"加重疑虑】 2022年1月，G省某交通广播电台在抖音发布了一则三辆小车在大桥上夹击大货车的视频，引发舆论高度关注。当日，当地公安部门微信公众号通报此事称，报警人"被数名男子驾驶汽车追截"，"嫌疑人孙某某（男，21岁）已被抓获"。警方通报后，部分网民认为通报内容不严谨。例如读物博主"月隐寒霜"称"参与者多到六七个人，为何只抓获一个嫌疑人？难道其他人查无此人？又或者说事情有反转，货车司机才是犯罪嫌疑人？通报内容显得不够严谨，没有说清楚哪一方才是受害者。通报文本应当严谨，不能给人造成模糊的印象"。

警情通报

1月2日凌晨4时55分许，110接一群众报警称：其驾驶一辆货车途经F　　　大桥路段时，被数名男子驾驶汽车追截，前挡风玻璃被砸坏，人员没有受伤。接报后，　　安迅速展开侦查。目前，嫌疑人孙某某（男，21岁）已被抓获，案件正在侦办中。

2022年1月12日

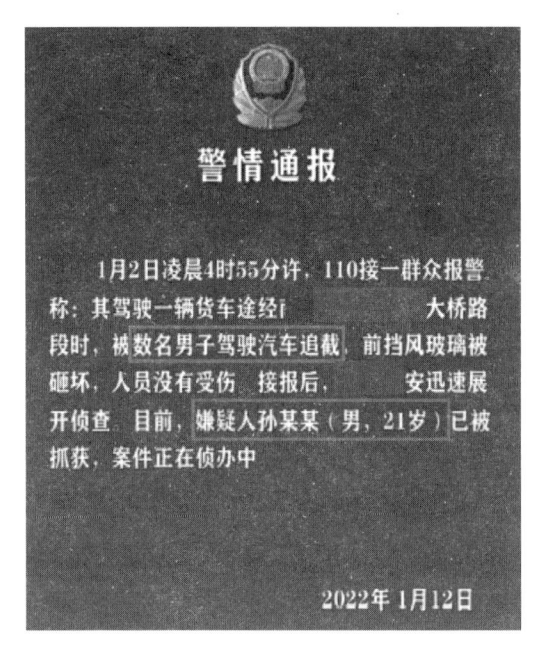

资料来源：当地公安部门微信公众号。

图 3-2　F 市一货车遭追截打砸事件的警情通报

【案例：公文频现错别字　媒体评论"不走心""伤民心"】 近年来屡见报端的公文错别字问题，看似是工作人员办事不认真的小问题，但在公众看来，还关涉到相关部门工作机制上的漏洞、工作作风的问题，是不能轻拿轻放的大问题。

2020年8月，S省Y县人社局一则公文引发热议。在这一本是官方用来表达歉意、对外公布整改情况的400字回复中，出现了4个极为扎眼的错别字。落款错得离谱的文字，与印章中鲜红的文字形成鲜明对比。此前，S省S县某局一份公文甚至将县委书记"王峰"写成"汪峰"，被县委书记批示"我不是歌星"，成为一时笑谈。新华社评论公文"翻车"类事件称，"频频出现的错别

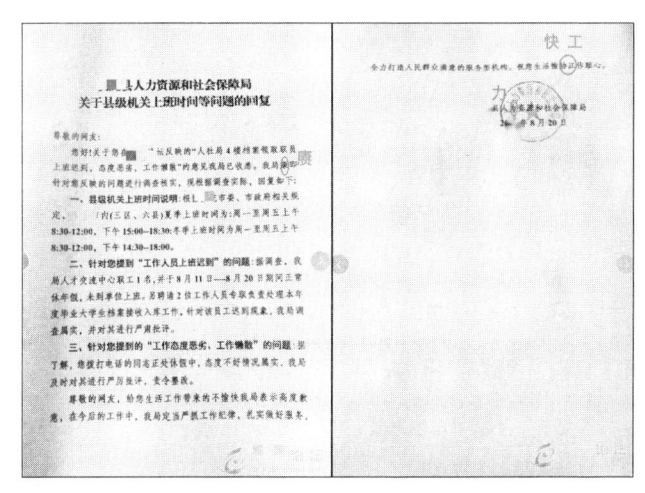

资料来源：网络公开资料。

图 3-3　L 县人社局 400 字公文出现 4 处错别字

字难以让人看到致歉的诚意，反倒暴露出敷衍、漂浮的作风。这种'不走心'的态度，非但不能纾解矛盾，还会让'连心桥'变成'隔心墙'，伤了民心"。《中国青年报》认为有关事件背后，恐怕不只是简单的公文"翻车"，还关涉"相关部门有没有把群众放在心上，如果连纸面功夫都懒得认真，那官方的说法恐怕就要打个问号了"。《中国青年报》还指出，对公文错字问题，不可轻拿轻放，否则轻则导致行政服务低效，严重的可能危及生产生活秩序。针对类似的错别字现象，中国政府网曾发布《关于"严重错别字"指标的说明》，通过人工抽查、系统监测、公众媒体举报等方式对网站信息内容进行检测，目的也是减少公文中的低级错误，维护政务部门形象。

2. 交互性强

随着移动互联网和社交媒体平台的崛起，网民参与性、互动性日益增强，其去中心化、去权威化的态势不断发展。公众既是信息的接收者，也是信息的发布者，不再仅仅被动接收信息，而是会做出自己的判断，甚至亲自行动去挖掘信息，广泛参与"拟态环境"①构建。一方面，普通网民在众多社交媒体平台上通过发布图文视频、评论、点赞、转发等方式，高度参与社会话题、公共事务的讨论；另一方面，越来越多的政府部门、企业及其他社会组织重视与公众之间的互动沟通，主动利用新兴媒体渠道与公众对话，公开信息、听取问题、积极回应。此外，主流媒体也在逐步改变过去单向传播、受众被动接受的方式，更新传播观念和传播技术，更加注重平等交流、互动传播，密切关注网络舆论场的反馈和变化，以期提升舆论引导效果。在这一背景下，多方信息交融、相互作用，形成复合传播效应。

【案例：江歌案掀起全民大讨论】 2016年11月3日，中国留学生江歌在日本遇害，嫌疑人陈某某系江歌室友刘某的前男友。11月9日，新京报旗下栏目《局面》推出对江歌妈妈和江歌生前室友刘某的采访视频，将公众的视线再次转移到这起案件上。报道称，江歌是为阻止陈某某骚扰刘某而遇害的。12月20日，在日本东京地方裁判所以故意杀人罪和恐吓罪判处被告人陈某某有期徒刑20年后，刘某发布微博长文《我是证人刘某！我不再沉默！案发现场》，讲述案发后的经历，再次将该事件暴露于公共舆论场。

江歌案从案发到案件宣判，通过网络媒体和社交媒体广泛传播，也引发了社会各界的关注和热议。仅在2017年11月9日至12

---

① "拟态环境"是指"传播媒介通过对象征性事件或信息进行选择和加工、重新加以结构化以后向人们提示的环境"。此观点由美国新闻评论家和作家沃尔特·李普曼在《公共舆论》一书中提出。

月 22 日期间,全网相关信息量就达 519.2 万条。舆论在多方观点交锋中逐步趋于理性,体现出网络舆论交互性强这一特征。经网民观点抽样调查,案发后从道德层面谴责刘某、希望判处陈某某死刑的观点占比近九成,侧面说明此时的舆论场是以情绪为主导的。此后,各方从法理、道义等多角度探讨本案,引导舆论理性思考,如《检察日报》在《江歌案:关于境外犯罪管辖的追问》一文称,"我国司法机关仍可依法对其(陈某某)享有追诉权",解放日报发文《面对冷漠法律真的无能为力吗?》称"江歌妈妈可以主张两项民事赔偿请求权",再如新京报评论称"在法律上无罪,无法免除所要承担的道义",环球时报在《江歌案,让情绪尽归法治理性》中指出"公众的愤怒与呐喊,对案件审理不会产生实质性影响"。各方言论交织、融合,令舆论从最初的以情感和情绪为主导逐步转向理性和深入反思。经网民观点抽样调查,呼吁理性对待、期待公正审判、认可判决结果的理性观点,占比从江歌案自开庭前的 6.3% 提升至宣判后的 32.2%。

【案例:博主退订酒店被老板辱骂】 2023 年 2 月 23 日 20 时,博主"龙飞呐"在抖音平台发布视频投诉甘孜康定一酒店。视频中,该博主表示因大雪封山而退订预订的四个房间,其中三个房间都自动退款,第四个房间显示商家处理中,24 小时内答复,结果第二天商家回复称房间留了一晚,拒绝退款。该博主对此表示质疑,并表示在给了差评后,遭商家开小号辱骂。对此,康定市文化广播电视和旅游局官方抖音账号"康定文旅"发布视频表示,康定市收到网民反映的该酒店相关问题后迅速反应,成立联合调查组。经多方调查取证,有关部门做出如下处理结果:查封该酒店并责令停业整顿;向当事人及广大网友公开道歉;向当事人退款并协商赔偿。

"甘孜文旅局长刘洪"在抖音平台发布视频回应称"如果是谁砸了我们甘孜旅游的锅,我一定砸了你的饭碗"。本来是抹黑当地旅游形象的负面事件,经官方的回应、妥善处置却变成了"招牌"。正是因为舆论场为各主体提供互动载体和环境,以及各主体有着互动、沟通的意愿,使得甘孜文旅局能够在直面问题、处罚果断的情况下,通过与网民一来一回地互动解决问题、及时化危为机,形成教科书式的应对处置案例。

【案例:博主摆拍涉嫌亵渎英烈　新疆检方矩阵联动获赞】 2021 年 7 月,博主"小贤 Jayson"在社交平台发布多张拍摄于新疆康西瓦烈士陵园的照片。照片中,该博主倚靠在戍边英雄墓碑旁,满脸笑容、大摆"俏皮"姿势。7 月 18 日,因涉嫌亵渎英烈,"小贤 Jayson"被网民举报。当日,"新疆检察"在举报微博评论区留言称"收到!!无论初衷是什么,英烈不容亵渎!"随后通过官方微博矩阵联动,向公众"直播"案件进展。在本事件中,新疆检察机关反应迅速、矩阵联动,一方面表明态度,另一方面实时通报处置进展,针对网民的评论,"新疆检察"也给予较为及时的关

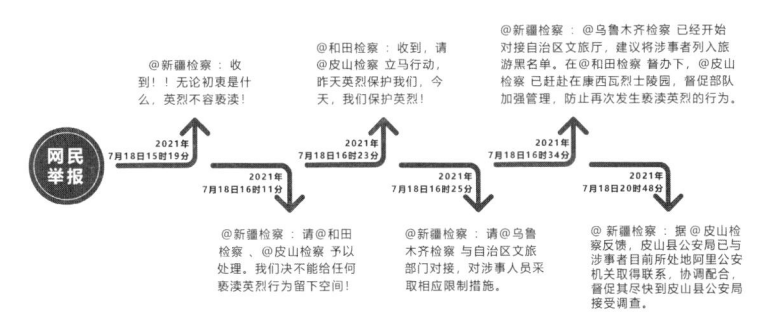

资料来源:网络公开资料。

图 3-4　博主摆拍涉嫌亵渎英烈　新疆检方矩阵联动发声

注与回应,加之"依法对康西瓦烈士陵园保护管理公益诉讼立案调查"的结果,获得了舆论称赞。"中国长安网"称赞新疆检察"雷霆出手","政务新媒体研学中心"点赞称"矩阵联动,响应迅速";知政观察团成员"黄埔一投"评价称"矩阵发力,线上线下指令通畅,横向联系旅游官博合力处理"。

3. 情绪化

情绪是具有传染力的。社会心理学家古斯塔夫·勒庞在《乌合之众》中提到,当个人融入群体中时会呈现情绪化的特征。这种特征在网络中的表现甚至更加明显:公众借助网络参与社会事务讨论,表达意见和观点,但在面对争议性事件时,受周围"网络气候"的影响,不可避免地出现非理性的情绪化倾向,用非理性的、夸张讽刺戏谑的口吻来解读事件,或对涉事机构、个人进行攻击、吐槽,进行未审先判的定性。这种情绪如不能得以及时疏导,将会在交流互动中强化,甚至走向极端,演变为集体宣泄。

但同时也应客观认识到,这种非理性情绪化的出现,往往是在事件发生初期、缺少关键性信息的阶段,信息不对称导致猜想、疑惑、谣言的滋生和蔓延,不稳定情绪随之产生。所以,要避免情绪化给舆论危机处置带来的困扰,最重要的一点就是畅通信息发布渠道,提供权威信息,让公众能够多角度了解事情进展,减少猜疑,同时还可以借助意见领袖和业内专家的作用,对事件细节做理性、客观分析。

【案例:胡某某事件】 2022年10月,J省S市15岁高中生胡某某从校园失联。11月,其家属撰写的《疑似S市校园埋尸案,请求刑事立案侦查》控告信引发舆论关注。2023年1月29日,S市公安局发布警情通报称,胡某某遗体被发现。2月2日,胡某某事件调查情况新闻发布会召开，认定胡某某系自缢死亡。

该事件引发舆论持续且高度关注，在网络传播的过程中舆论情绪化特征显著，主要表现在两个方面。第一，在事件传播的过程中，网民无端猜测并发布到网络上导致信息传递失真。有网民猜测涉事学校与当地存在"黑幕"，更有网民将学生失踪案件与传闻中的人体器官贩卖相关联，甚至有的猜测脱离了科学轨道。种种情绪化言论及非理性猜测导致了舆论进一步恶化。第二，在当地召开新闻发布会详细通报案情后，仍有网民无视证据，凭想象"断案"，对警方的调查持否定态度，如称"黑白颠倒，他们说什么就是什么""之前搜救犬的鼻子都是不灵的""现在录音也可以改变音质的""应该是被冷冻了挂上去的"。

对此，人民锐评《真相呈现让理性回归》称"无论是现实还是网络上，对质疑和问题都要保持客观和理性，这是我们必须坚守的底线，也是远离情绪化思维的关键"。

三、舆论话题维度

1. 更易突发

我们在舆情工作中经常用到"突发事件"这个词，指代突然发生，造成或者可能造成严重社会危害，需要采取应急处置措施予以应对的自然灾害、事故灾难、公共卫生事件和社会安全事件。但在这里我们说的"突发"不是指突发事件，而是舆论危机的"突然发生"。当下的传播环境中，由于自媒体的高度发展，任何事件在发生时只要有普通网民在场，就有可能被拍照、录视频或编写成文字上传至自媒体平台上，面向大众传播。而直播行业的兴起，又令舆论危机的突发时间越发前置，这就给政府部门、机构和企业带来更大的压力,往往网民对事件的知晓要先于主管部门或企业高层,给事件应对处理带来更大的舆论压力。因此,能否在第一时间获知相关信息、在事件传播范围还不大时就进行处置,成为十分关键的问题。

【案例:F省某港口碳九泄漏事故】 2018年11月4日凌晨,F省Q市某码头的一艘石化产品运输船发生泄漏,69.1吨碳九产品漏入近海,造成水体污染。这件事当时引发极大的舆论关注,10天内的全网相关信息量达122.3万条(据新浪舆情通统计)。但对这件事的最早报道并非政府部门或主流媒体,而是微博网民爆料,并@了当地各主流媒体。

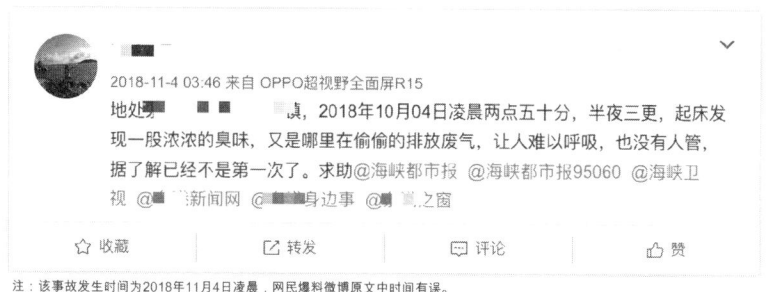

注:该事故发生时间为2018年11月4日凌晨,网民爆料微博原文中时间有误。

资料来源:网络公开资料。

图 3-5　F省某港口碳九泄漏事故首发声音

【案例:交警直播查酒驾　醉驾司机喊"yuwei"】 2021年11月,N市交警在直播查酒驾时,一玛莎蒂司机不配合交警工作,17分钟时间里吹气66次,并在直播中大喊"叫'yuwei'过来"。直播过程中,网民在直播间留言质问"yuwei是谁",随即引发网络舆论关注。次日,媒体报道"豪车女醉驾喊'yuwei'",令事件引发更大范围的关注。这起交警直播活动中发生的突发事件,在实时直播的同时也无时差地演变为舆论危机事件。

2. 传播更广

在互联网得以广泛应用之前，信息的传播是有壁垒限制的，因此事件的地域传播特性和行业传播特性比较明显。而互联网尤其是移动互联网的普及令这种传播壁垒被打破，任何一个地域性或行业性的小事件都可能被迅速传向全国，甚至全世界。这也就意味着，任何信息只要被上传至公网上，无论被上传到多么偏僻的角落里，都有可能被人"挖"出来，瞬间成为公共事件。

【案例："某航空公司前11排座位"事件】 2017年8月，某航空公司的官网上发布了一篇标题为《"只要前11排座位的旅客"——为政府执行要务护航》的文章，署名是"某航X市分公司党群工作部"。文章中提到，某航为X市政府政务团66名成员出行提供服务时，被要求将全部成员安排在前11排的座位，且保证同普通旅客进行一定隔离；航空公司为该团争取到航班前11排66个座位，长航段销售的旅客被集中安排在12排以后。这篇文章被网民转发后迅速引爆网络，受到舆论极大的质疑。事后，某航空公司发布情况说明，表示实际将该团队成员分配到了经济舱31~58排之间，该团队也没有提出"同普通旅客进行一定隔离"。此事系航司"个别人员在未完全了解具体事实的情况下，按照团队旅客统一集中座位的惯例草率编发了与实际情况不符的信息"。

某航空公司这一事件因只发表在其官网上，且只是一篇普通的"工作成绩"类稿件，按理说很难在更大范围传播。但是，自党的十八大以来，以习近平同志为核心的党中央坚定推进全面从严治党，制定和落实中央八项规定，开展党的群众路线教育实践活动，坚决反对形式主义、官僚主义、享乐主义和奢靡之风。而"某航空公司前 11 排座位"事件虽然没有违反公司规定，却因"只要""前 11 排""政府""要务"等关键词，准确命中了廉政的热点、特权的痛点、监督的关切点，使得这篇"不起眼"的稿件迅速"破圈"传播，使某航空公司和相关部门均一度陷入被动局面，先后出面澄清、表态。

【案例：某镇中学校园霸凌事件引发全国关注】 2022 年 3 月，A 省 Y 镇某中学八年级学生徐某某（男，14 岁）与同年级学生王某某（男，14 岁）在学校宿舍内因琐事引发肢体冲突，致王某某倒地，后经抢救无效死亡。该事件由王某某父亲在社交媒体账号上曝出。在警方发布警情通报后，王某某父母对通报结果持疑，其父亲再次通过社交媒体发布短视频，视频中逝者父母双双跪地，手捧逝者遗照讨公道，引发网民的高度共情。这起事件虽然发生在镇级中学，但却借助网络自媒体突破地域限制，演变为全国舆论广泛关注的舆论危机事件。根据新浪舆情通统计，相关事件的信息多来自北京，信息量达到 235.1 万条，而事发地 A 省在信息地域分布中仅位列第六，信息量为 6.5 万条。

第二节　舆论危机产生的原因

对当下舆论场的基本特征有所了解后，我们就可以进一步分析舆论危机产生的共性原因。有人将负面舆情事件的发生归罪于互联网，认为舆论危机频发是由于网络上"键盘侠""喷子"众多，导致一点"小事"就被抓住不放、无限放大。这种认知显然是有失偏颇的。互联网并非舆论危机的"因"，而只是现实社会在网络上映射的"果"。有学者曾表示，超过七成的舆论危机事件是由于线下行为引发的；这一论点虽然没有相应论据支持，但我们曾就2018年上半年公安行业的热点事件进行过总体分析，从分析结果看，公安行业的热点负面舆情事件中，只有13.9%的事件源于线上回应或处置不当，其他均是由执法不当、执法尺度存争议、办案不力、违法违纪等线下行为引发的。互联网是社会舆论的"放大器"，但不能将舆论危机的根源归结到互联网身上。

此外，在寻找舆论危机产生的原因时，还容易陷入另一个误区。很多人都认为舆论危机事件大多属于"黑天鹅事件"，不可预测，也无从预防。但实际上，除地震、洪灾，及部分重大安全事故、重大公共安全类事件等突发事件不可预测外，其他大多数的舆论危机事件都属于"灰犀牛事件"。灰犀牛事件是指大概率事件，事发前本来有迹可循、可以被预见，却没被预见或没能引起足够的重视，最终引发严重后果的潜在危机。风险并不都来源于偶然灾难、微小问题，更多来源于显性问题，正因为其看上去体形大、速度慢，风险往往被我们低估、疏于防范，后果严重。

【案例：LH高速重大交通事故】 2018年11月，在L市发生LH高速公路收费站重大交通事故，共造成15人死亡、44人受伤。通常来讲，重大交通事故属于偶发性的"黑天鹅事件"；但LH高速这起重大交通事故则不同，事发后即有媒体报道称，车祸路段是一个17千米长的下坡路段，曾发生200余起事故、近百人伤亡。因此，这一事件是比较典型的"灰犀牛事件"。

【案例：S省高速公路频繁切换限速】 S省境内部分道路曾长时期限速值频繁切换，"同一条道路，一会儿限速每小时80千米，一会儿限速值成了70千米、60千米、40千米……"关于限速规定"够奇葩"的吐槽在网络上发酵已久，相关部门也曾以"S省地形以丘陵为主"作为限速值波动过大的主要原因做出回应，但一直未整改；一直到 2018 年 7 月媒体报道、引发网络舆论热议后，S 省公安厅针对此问题出台多项整改措施，一步整改到位。为此，《中国纪检监察报》发表题为《担当应在"曝光"前，不要搞出千夫所指的舆情》的评论文章。这也是一起典型的"灰犀牛事件"。

对于舆论危机的诱因，我们可以归纳为以下几个主要方面。

一、言行不当引发的舆论危机

这里所说的"言行不当"，既包括个体在公众场合的不得体言行，也包括政府部门、企业等机构官方账号公开发表的内容不被公众认可，因而引发舆论危机事件。

关于言行不当的经典案例很多。例如著名的"表哥"杨某某，就在 2012 年任 S 省安全生产监督管理局局长、党组书记期间，因在一起特大交通事故现场面含微笑被人拍照上网，引发争议。之后，杨某某因回应不当引网民不满，被网民通过其在各公开报道的照片扒出戴各种名表、奢侈品眼镜、腰带等。很快，杨某某落马，最终因受贿罪被判有期徒刑 10 年。

2018 年 11 月，某教育培训机构创始人在某教育论坛上演讲时提到，"……现在是因为中国女性的堕落导致整个国家的堕落"。此言论引发巨大争议。之后他专程到全国妇联机关向广大女同胞诚恳道歉，"前几天在某个论坛上针对女性的不当言论是极其错误的，反映了我性别观念上的问题，对女性不够尊重，在此，借中国女网，向广大女同胞再次表示深深的歉意"。

再比如，2020 年 9 月，有网络视频流传，视频中显示某电子公司一男子在给员工发证件时随手扔在地上，员工需弯腰拾起。该视频引发网民的愤怒，恶评如潮。事发后，该公司先矢口否认，随后又公开承认，表示主管将率团队向员工致歉。有舆论表示"被扔在地上的不只是一张薄薄的证件，而是劳动者的基本尊严""把员工证件随手扔在地上，这样的行为展现出的企业文化是对员工的冒犯和侮辱"。

二、不当传播引发的舆论危机

企业品牌推广方式不当，不仅无法起到宣传品牌和产品的目的，还会带来恶劣的社会影响，给企业声誉带来灾难性的后果。以下列举的就是几个典型的负面案例。

【案例：某银行信用卡借凉山火灾营销】 2019年4月1日，在扑救四川凉山木里县森林火灾时，31名扑火人员英勇殉职。就在万千民众纷纷用自己的方式缅怀英雄时，一张某银行信用卡中心免除凉山火灾烈士信用卡未还清款项的海报，引发网民高度关注和不满。在海报上，除了明显的致敬英雄文字外，后面还特意标注了四川凉山森林火灾救火英雄为该银行信用卡持卡人、免除其未清款项的字样。其中，烈士名字及"免除""所有未还清款项"被放大加粗。大白新闻发文表示，有不少"自作聪明"的商家利用救火英雄做起借势营销，而诸如此类"蹭热点炒作"，不仅激起社会民愤，也令品牌声誉大打折扣。北京市中业江川律师事务所的李鑫石律师表示，企业虽然以向"英雄致敬"的形式发布凉山火灾事件的海报，其实质目的在于借助公共事件的传播效应扩大自身商业影响或树立良好的商业形象，属于将英雄烈士的姓名、肖像变相用于商业广告的行为，应当受到该条款的约束和规范。李鑫石律师还指出，如造成英雄烈士的名誉、荣誉受到损害的法律后果，应承担相应的民事和行政法律责任。

【**案例：房地产公司借郑州暴雨洪灾营销**】 2021年7月18日至21日，河南郑州出现罕见持续降雨天气，全市普降大暴雨、特大暴雨，造成郑州地铁发生积水等情况。当地某房地产公司却借此次暴雨洪灾营销，其海报以"入住高地，让风雨只是风景"作为楼盘宣传语。为突出楼盘的高度优势，海报中还强调了楼盘整体的海拔高度，"高出黄帝故里约72米""高出郑州二七塔约83米"。此外，另一家房地产公司则以"就算大雨让这座城市颠倒，有车位，无烦恼"作为广告语，将被水淹过半身的汽车作为配图，以宣传自家房产配套车位。还有一家企业以"暴雨突袭，你的爱车还好吗？"为广告语，称无车位属于"露宿街头、暴雨冲刷、爱车报废、人更受罪"。企业"借灾难营销"迅速引发公愤。有网友怒批道，"想出这样的营销文案，脑子简直是进水了"；中国政法大学博士研究生"一峰"表示，拿灾难来"抖机灵"，甚至作为营销噱头，除了可笑，还当严惩。此外，"中国青年网"也发文称"暴雨灾情做营销？荒唐至极！"《人民法院报》则批评称"这样的噱头，露头就该打"。

资料来源：网络公开资料。

图 3-6　某些房地产公司借郑州暴雨洪灾营销

【案例：东航坠机事故引全国瞩目　舆论谴责"灾难营销"】2022年3月21日东航坠机事故发生后，一房地产公司以失事航班图片为素材制作广告宣传图；某跑步装备品牌利用这起灾难搞起了促销活动；某保险品牌营销人员，在朋友圈利用这起灾难制造焦虑，打起了广告……这些行为引发舆论关注和批评。《北京青年报》发布文章称，"借坠机事故搞营销，于情不许于法不容"；微信公众号"中国普法"评论称，"在惨烈空难的背景前，这种恶炒热点、收割流量的乱象和丑态，得到了一次'集大成'式的暴露。当无数人都陷于悲痛的时刻，这些营销炒作者却在冷血地算计着自己的流量和利润，进而不择手段地把热点炒得更热。对于如此乱象，整顿规范已经刻不容缓"。

资料来源：网络公开资料。

图 3-7　东航坠机事故引全国瞩目　舆论谴责"灾难营销"

三、突发事件的责任归属及处置不当引发的舆论危机

虽然我们在前文讲到，突发事件往往是不可预见的，但突发事件发生之后的应对处置流程，则多数是可预见并事前演练的。公

安、应急、宣传等部门因其工作性质,在突发事件中往往需冲锋在前,直接面对公众和媒体;然而,因处置突发事件的复杂性和公众舆论的高度关注,这些部门也很容易因应对不当而引发危机。一套有效的突发事件应急处置流程,可以避免相关部门在自然灾害、突发事件面前因应对失措而陷入危机中。

【案例:H市驾车冲撞小学生案】 2018年11月,一男子因夫妻矛盾轻生厌世,驾车在H市J县第二小学校门前冲撞过路人群,导致6人死亡、20人受伤,其中死亡6人全部为儿童,受伤20人中有18名儿童。犯罪嫌疑人很快被抓获,但在这一事件处置过程中,当地政府部门却因前期处置失当受到舆论质疑。有网络"大V"给宣传部门的工作归纳了几个方面的问题:"权威发布不及时,口径不一,伤亡情况到现在还说不清,在死亡数字上有出入""规矩没做好,多头接受采访,信息乱七八糟""前期定性过早,一开始就说重大交通事故,现在开始向危险方法危害公共安全转移,那前期别这么早定性啊","当地检察院'以人民的名义'写了通报,结果沦陷""回应嫌疑人父亲是村支书不及时,要及时说明情况,不要引起关联炒作,舆情叠加,否则只会让当地雪上加霜。真诚希望,当地可以汲取教训,从此事开始汲取教训,多看书多学习啊。"

【案例:某大学一研究生校内遇害 校方"冷处理"引质疑】 2021年8月,多名网民在网上爆料,某大学一研究生被人刺死在学校宿舍楼下。事件发生后,校方的处理方式备受舆论质疑。根据爆料网民和受害者家属的说法:第一,校方禁止遇害者家属进校园,家属未看到监控信息,遇害学生家属在校门口坐了5天,被校方强制带离;第二,曾有学生想要为受害者家属提供帮助,但被学校保安带走。

校方疑似"冷处理"的处置方式激起舆论负面情绪。《新京报》在《研究生校内遇害,某大学莫让冷处理寒人心》中评论称"应对失措,遇事捂盖子或逃避责任,那只会演变成更大的危机。眼下嫌疑人已被刑拘,案件仍在进一步侦办中。但不管怎么说,就当前已曝出的那些疑点,校方有必要做出积极回应,才能将自身的外部形象从'冷处理'的批评声中'解救'出来"。"极目新闻"的《校方的"逃避"态度可耻且没用》一文中提到"出于安全保障义务,学校应该要保护学生的人身安全,出于人道主义关怀,学校也应该肩负起安抚家属,善后处理的责任。显见的是,校方采取了一种'逃避'的态度"。

四、侵害公共利益导致的舆论危机

如官员贪腐、环境污染、食品药品安全、公共环境或设施受到破坏等问题的发生,侵害了全部或部分群体的生存、享受和发展所需要的正当资源和条件,这类事件也很容易演化为舆论危机。

【案例:C公司疫苗事件】 2018年7月11日,一家国内自营疫苗品种最丰富、销售规模最大的民营上市企业C公司被内部员工举报疫苗生产存在造假,国家药监局马上飞行检查,发现狂犬病疫苗生产记录存在造假,引发热议。20日,该公司所在地J省药监局发布处罚通知,对C公司于半年前也就是2017年11月的一起违法事件进行处罚,处罚的原因是其生产的百白破疫苗"效价测定不符合规定",按劣药处理。而这批次问题疫苗共25万支,全部销往山东。百白破疫苗是指百日咳疫苗、精制白喉和破伤风类毒素按适量比例配制而成,用于预防百日咳、白喉、破伤风三种疾病,是一类疫苗(免费疫苗),中国3个月至6岁儿童都要注射。21日,某著名自媒体人发表文章迅速刷屏，将舆论推向新一轮高峰。党中央、国务院高度重视，随后，检察机关介入调查，相关人员被批捕。

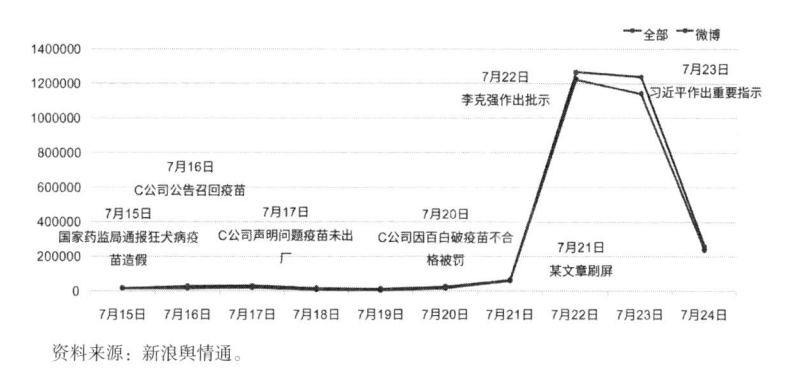

资料来源：新浪舆情通。

图 3-8　C 公司疫苗事件全网信息量走势图

从这一事件的信息量走势图可以看出，舆情从 7 月 15 日狂犬病疫苗问题曝光开始发酵，但还在较"正常"的受关注范围内；直至 7 月 20 日百白破疫苗问题曝光以及自媒体文章一文发布后，整个事态才开始失控。为什么会这样呢？我们可以从利益受侵害群体的变化上得以解释。狂犬病疫苗出问题虽然令网民感到愤怒，但毕竟涉及人群相对较少；但百白破疫苗的问题，则令每个有孩子的家庭都备感恐慌，覆盖面极广。第二轮舆论危机爆发后，有人认为此事"与 2008 年的三聚氰胺事件十分相似"，公众的不信任度当时已从问题厂家波及国产疫苗行业。

【案例：F 市高速"天量罚单"被指"逐利执法"】 2021 年 4 月，"F 市一高速岔路口近 62 万人压线受罚，罚款超 1.2 亿，F 市交警称道路标志线验收合格"的新闻报道引发舆论广泛关注。"天量罚单"现象引起司机群体共鸣，有网民认为该处"电子警察"抓拍设备设置不合理，有"暗中执法""逐利执法"之嫌。对此，新华社评论称,"期待相关部门给出令人信服的调查结果,让标识标线更好地保障交通安全、引导文明行车。"全国人大代表、重庆索通律师事务所律师韩德云提出建议,要防止滥设滥用"电子警察",清理不合理的"电子抓拍"。全国人大法工委行政法室处长张晓莹指出,为保护当事人合法权益,着力解决电子技术监控设备执法不规范问题。

据F市交管部门通报,业主单位对该路段标识标线集中进行优化改进。公安部也强调,要规范合理设置道路交通技术监控设备,主动征求社会意见,对设置、使用中存在的问题进行排查整改;要深化为民理念,坚持宽严相济,进一步规范交警执法处罚,严禁过度执法、逐利执法、粗暴执法。

五、涉公权力越界、个体利益受到侵害引发的舆论危机

在社会转型与经济发展过程中,必然会遇到各种复杂的利益和观念的冲突,这也导致了舆论危机爆发的频次增加。如房屋拆迁、教育资源和医疗资源分配等相关事件,都容易触碰社会敏感神经。

【**案例:某药酒事件**】 2017年12月19日,南方某市医生谭某某发布题为《中国神酒"某药酒",来自天堂的毒药》的网帖,从心肌变化、血管老化、动脉粥样硬化等方面,想说明某药酒对老年人会造成伤害。涉事企业以他恶意抹黑造成自身140万元经济损失为由报警后,2018年1月10日,L县警方以"损害商品声誉罪"将谭某某跨省抓捕。

事件发生后,迅速引发舆论危机。与其他因产品质量或疗效问题引发质疑的事件相比,某药酒事件无论从关注度、传播量还是

爆发力度上，都远远高于其他类别事件，究其原因，就在于舆论对"警方跨省抓人"的质疑上。新华社发表记者调查文章《穿越大半个中国来抓你？三问药酒事件》，连问"L县警方有权跨省抓捕G省医生吗？十年来违法广告为何屡禁不止？医生吐槽某药酒值得动用警方吗？"光明网发表评论员文章《吐槽药酒遭跨省抓捕：警惕民事纠纷刑事化》。其后，某药酒生产方发布企业自查报告，向社会公众致歉；被抓医生谭某某发道歉声明，"承认在标题用词上考虑不周，缺乏严谨性"，某药酒公司接受谭某某致歉并撤回报案及侵权诉讼。

【案例：高考被冒名顶替事件】 2020年，"S省L市农家女被冒名顶替上大学""S省L市又现冒名顶替上中专""网民反映两次被顶替上大学"等事件引发舆论关注。这类舆论危机事件爆发力度强、持续发酵时间长、受关注度远高于同时期其他社会热点事件，究其原因，固然与不断出现新的引爆点、媒体及"大V"介入讨论有关，但最根本的因素还是在于事件触碰了社会公平的底线。高考被冒名顶替并非个案，也并非没有先例，此前每当有同类事件发生时，公众都会为被冒名者的不幸遭遇深感激愤。正如《中国教育报》评论文章所指出的，"高考在我国不仅承担着至关重要的社会职能，同时也是'公平'二字最重要的象征之一。能否在教育问题上实现公平，不仅对普通人的发展前景有着决定性影响，也与社会繁荣与稳定紧密相系。"

【案例：女子称社区支书"草包支书"被跨市行拘】 2021年1月，G市的任女士因对物业管理有意见，在小区业主微信群聊中称社区支书为"草包支书"，被B市警方从G市跨市铐走并行拘3日。其后，B市公安局发布通报称，依法撤销对该女子的行政处罚决定。

对于是否存在办关系案、人情案等违法违纪问题，当地纪委监委已经成立调查组介入调查。为此，中纪委网站发表评论文章，"'草包'一词可能略显过激，但无论如何不能以一句骂声、吐槽就报警抓人，社区支书的做法体现的是敷衍应付的工作方式和盛气凌人的蛮横作风。""不论调查结果如何，身为执法部门，就应该带头守法、秉公执法，决不能在调查处理中掺杂个人私情，更不能因滥用权力侵犯群众的合法权益。"

【案例：Q县检察院"重拳出击"新华字典被指越界】 2022年6月，G省Q县人民检察院微信公众号发布消息称，县人民检察院联合县教育局、县新闻出版局等部门工作人员对相关小学教材、少儿读本进行专项督查，执法人员责令某些书店下架整改存在低俗化内容与配图的新华字典及儿童读物。其中，新华字典中例词"玩弄女性"被执法人员认定为"色情低俗"。媒体发文认为"Q县人民检察院越界办事""演砸了"。其中，《南方日报》在《切莫好心办错事》一文中指出"Q县人民检察院在下架问题书籍的检查中，丢掉了本应牢记的行动准则，履职不当成为此次行动的败笔。有关部门当以此为鉴，切莫好心办错事。"

六、不同社会角色认知差异导致的舆论危机

人们因所处的位置、环境不同，而在面对同一问题时的评判角度也会有所不同；受专业认知的限制，人们对超出自身知识储备之外的事物，往往也容易因不了解而产生误解。这些情况，都容易因认知差异而导致舆论危机。这就需要信息发布者在发布信息时，要先行判断公众对信息的接受程度，避免在公开场合发布容易引发误解的信息。对必须公开但容易引发误解的信息，应做好解释工作。

【案例：交警处罚"不清晰"号牌事件】 2018年初，S市交警在电视台一档执法节目中因"车辆号牌不清晰"而现场处罚数辆车的视频在网上引发争议。视频中，交警解释处罚原因是号牌有掉漆现象，车主"未保持机动车号牌的完整与清晰"。但网民一致认为从视频中可以清楚地看出车牌号码，质疑"哪里不清晰了？"事件在网上发酵后，S市交警方面迅速做出回应，撤销处罚决定，并对涉事交警进行处分。

在这一事件中，我们相信交警部门不可能也没有必要在一档电视节目中故意违规执法。交警在执法过程中认为自己的执法依据是公安部发布的机动车号牌标准，即"金属材料号牌的表面应清晰、整齐、平滑、光洁、着色均匀、反光均匀，不应有明显的皱纹、气泡、颗粒杂质等缺陷或损伤；号牌表面不同反光区域的反光效果应均匀，不应有明显差异"。但从普通民众角度看，则认为车辆在路面行驶时，号牌难免会被小石子等击打掉漆，只要"不是故意损伤号牌"且号牌清晰可辨识，就没有违规；且相关规定中并没有说磨损、划痕、掉漆面积达到多少会被认定为号牌不清晰，交警属于"过度执法"。这一舆论危机事件的引发原因，就在于交警部门与普通民众之间的认知存在很大差异。

【案例：6.6万元"芹菜案"】 2022年8月，央视新闻报道，Y市Y区市场监管局认定一粮油店进购的一批芹菜中被检测出食品安全问题，被罚6.6万元。"夫妻俩卖20元芹菜被罚6万6""Y市官方承认芹菜案确实存在问题"等多个相关话题登上热搜榜，引发广泛。此案令当地市场监管部门深陷"处罚过当"、变相"创收"、滥用公权力的质疑声中。

北京恒都律师事务所的刘盛律师认为，针对"芹菜案"，从客观上看，销售农药残留（毒死蜱）超标芹菜的行为，确实对公众食品安全造成了一定危害。北京在明律师事务所律师邹宇平指出，不应简单从主观感受来评价执法行为，而是应该客观地从案件性质、处罚依据、处罚程序等角度进行剖析，判断行政机关是否"过罚不当"。邹宇平律师还表示，芹菜被检出的禁用农药"毒死蜱"危害巨大，根据《食品安全法》，当地市场监管局是依法处罚，罚款幅度符合法律规定。还有网民认为芹菜不合格，卖菜的也可能不知道，应该肃清源头，不能让菜贩背锅。对此，邹宇平律师指出，"芹菜案"中的Y市夫妇提供不出台账记录，未能如实说明"源头"，在这一问题上存在过错。《中国市场监管报》也发文指出"从执法部门的行政处罚决定书和法院的一审判决书看，该案在适用法律依据和行使行政处罚裁量权，以及保障当事人的救济手段方面并无不妥"。可见，公众对相关法律法规的认知不足是引发这一舆论危机事件的重要原因之一。

七、新媒体运营失误引发的舆论危机

新媒体的快速发展为政府部门、企事业单位带来了新的工作形式，提供了新的发展契机。对于政府部门来讲，新媒体有助于各级党政机关更加有效地展开宣传思想工作、实行政务信息公开、为人民群众提供服务、主动接受人民的监督以及优化和改善工作；对于企业来讲，新媒体可以很好地助力品牌推广传播、改善服务理念和服务方式。但与此同时，新媒体运营也成了很多政府部门和企业的痛点，政府部门和企业通过新媒体直接面对受众，时常会有"不适应"症状出现，例如用官方账号追星蹭热点、将个人情绪化表达带到官方账号发布的内容中、内容中出现政治性或常识性错误引发热

议、将个人账号内容误发到官方账号中等,都容易引发公众不满或围观。

【案例:某机场官博追星事件】 2019 年 9 月 25 日,某机场机场正式启用,备受称赞,其官方微博也受到各方关注。然而,就在 9 月 29 日,其官博小编因操作失误,将官方微博误当成私人账号,连续发出了"追星"流量明星蔡某的内容,随即引发舆论批评。

其后,官博进行了第一次回应,以调侃的语气称"哎呀呀,谁还不追个星呢,但真正的爱豆只有一个,就是我们伟大的祖国!调台看阅兵咯,大家散啦散啦"。这一回应不但没有平息非议,反而激起网民更大的不满。例如微博网民"晨风晓安"表示,"公号私用出了错不道歉,还以为撒个娇能过去?工作就这个态度?"最后,官博正式发布了道歉公告。

资料来源:新浪微博。

图 3-9 某机场官博追星事件

有自媒体作者撰文表示,"一个单位的公众平台被员工私人使用,发布员工个人追星这样的低俗内容,糟蹋的不仅仅是单位形象。如果公与私分不清楚，公也是私，各单位都用对公账号发布低俗追星或私人内容，单位的公信力与严肃性在哪里！"

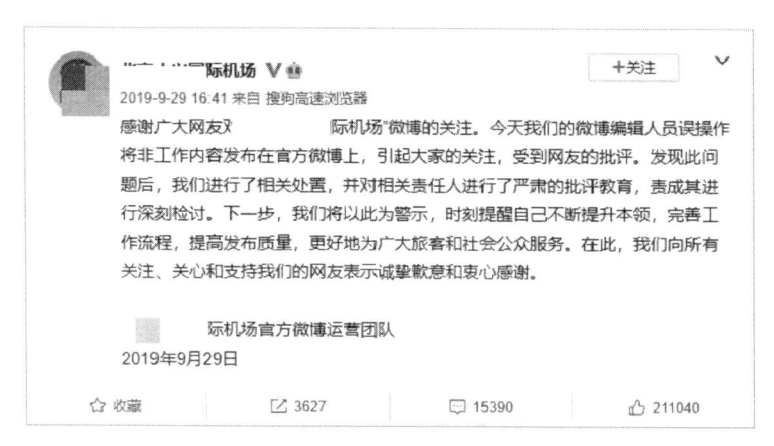

资料来源：新浪微博。

图 3-10　某机场官博追星事件道歉公告

八、法律法规不完善引发的舆论危机

国家各类法律、法规、规章、行政程序等，我们可以将其统称为"制度"。随着时代的不断发展、社会大环境的悄然变化，各项制度中时常会出现一些细微缺陷、不再能适应当下实际情况，与当下大多数民众的认知相悖。这种制度性缺陷往往不是先天的，它在当年制定出台时，是符合当时的社会情况的；但随着时代的发展进步，情况已发生变化，而这些制度却没有相应做出调整。在这种情况下，一旦有相应的社会热点事件发生，则舆论就会指向其背后的制度性缺陷，呼吁相关部门做出相应调整。

【案例：孙志刚案】 2003 年 3 月 17 日晚上，刚刚大学毕业两年、任职于广州某公司的湖北青年孙志刚在前往网吧的路上，因缺少暂住证，被警察送至广州市"三无"人员（即无身份证、无暂居证、无用工证明的外来人员）收容遣送中转站收容。次日，孙志刚被收容站送往一家收容人员救治站。在这里，孙志刚受到工作人员以及其他收容人员的殴打，并于3月20日死于这家救治站。

4月25日，《南方都市报》发表《被收容者孙志刚之死》，其后，孙志刚的悲剧引起社会各界的强烈反响，民众通过互联网及报纸杂志呼吁严惩凶手，要求调查。6月底，广东省高院对9名涉案人员做出判决，相关部门对市公安局、市卫生局、市民政局和天河区、白云区纪委、监察局涉孙志刚案件有关责任人员进行处分。

6月22日，《城市生活无着的流浪乞讨人员救助管理办法》正式公布；8月1日，施行21年的《城市流浪乞讨人员收容遣送办法》被废止。

孙志刚的墓碑上写道："以生命为代价推动中国法治进程，值得纪念的人"。

【案例：10岁女童遭13岁男孩杀害案】 2019年10月，D市一名13岁男孩因欲与10岁女童发生性行为遭拒，将女童杀害并抛尸。案件告破后，男孩因不满14周岁而未被追究刑事责任，仅被收容教养。这一事件被曝光后，未成年人犯罪问题再度引发热议。从微热点研究院当时所做的网民观点抽样分析结果来看，有高达45%的观点呼吁修订相关法律，严惩行凶者。

近些年来，一些低龄未成年人实施的恶性犯罪案件见诸媒体，对被害人造成严重伤害，但由于能够借助"年龄优势"逃避惩罚，引起社会舆论的强烈不满。当然，最低刑事责任年龄的确定是一项较为复杂的工作，不能只是受极端个案的推动；但随着我国经济社会的发展，影响最低刑事责任年龄的各个因素发生了变化，对其进行适时修改是科学立法的应有之义。

2020年12月，十三届全国人大常委会第二十四次会议表决通过《刑法修正案（十一）》，其中规定，已满12周岁不满14周岁的人，犯故意杀人、故意伤害罪，致人死亡或者以特别残忍手段致人重伤造成严重残疾，情节恶劣，经最高人民检察院核准追诉的，应当负刑事责任。中国青年网对此发表评论文章称，"对法定最低刑事责任年龄作个别下调，是立法机关及时回应社会关切的积极作为，值得点赞"。

【案例：狗伤人事件戳中"狗患"治理痛点】 2021年11月17日，H省电视台知名节目的记者杨某在镜头前捂脸痛哭，原因是H省A市一老人被两条大狗咬伤，节目多次跟进，狗主人仍不肯正面回复。事件随即引发舆论广泛关注。近年来，狗伤人、狗咬人事件频见报端，在本次事件发生的2021年11月，还有"W市女子与遛狗不牵绳业主冲突后自杀"事件冲上热搜。因城市养狗冲突引发的舆论危机戳中城市管理的"痛点"。《半岛都市报》文章《"狗咬人"何以也成了新闻？》表示"H省的受害人家属讨了两个月说法，与狗主人和一些相关部门交涉，最后引起央媒关注，才得到一句道歉。而W市这名女子与狗主人'斗争'了两个月，最终选择以自杀的极端方式来控诉，这是否跟投诉无门有关呢？"网民"李豫说文史"也认为"两个事件的一个共性，就是当地的相关部门、小区物业等相互推诿，不去管理，任由事态变得越来越严重"。

红星新闻指出，在"人狗矛盾"多发的今天，每一个地方都应该注重对这类看似"小问题"，但实则可能酿出"大风波"的社会问题的妥善处置。红星新闻还表示,提升养犬文明程度,提高对"狗患"的治理水平,有了规定后还必须得明确治理职责,配齐治理资源,增强治理刚性,真正让"文明是文明者的通行证,野蛮是野蛮者的墓志铭"。

前面我们介绍了容易引发舆论危机八个方面的原因,这八个原因都是比较基础的、常见的。当然,舆论危机类型有很多,其引发的原因也有很多,那些比较复杂的或有一定特殊性的原因,我们就不在这本入门级图书中介绍了。

第三节　影响舆论走向的关键因素

在日常工作中,我们经常会遇到如何应对负面舆情的问题,这时需要先对引发负面舆情的事件及事件的进展有比较详细的了解,然后再提出应对建议。为什么要这么谨慎呢?因为影响事件走向的因素很多,一些看起来很相似的案例,其舆论走向却有很大差别,就是其关键因素存在差异。

例如,我们之前介绍了某药酒事件,与这一事件非常相似的、时间相差不到半年的另一起事件——某滴眼液品牌危机,则与某药酒事件的舆论走向差异很大。这两个品牌本身有很大的相似之处:都是药企,都在媒体广告上有较大的投入,知名度都较高;从危机事件的起因看,二者都是因为某篇自媒体文章质疑其质量而引发危机。但从这两个事件的数据统计来看,某药酒事件的全网信息量(受关注度)、爆发力度均远远高于某滴眼液事件。之所以出现这一差距,就在于某药酒事件中有公权力介入,即警方跨省抓人,这一

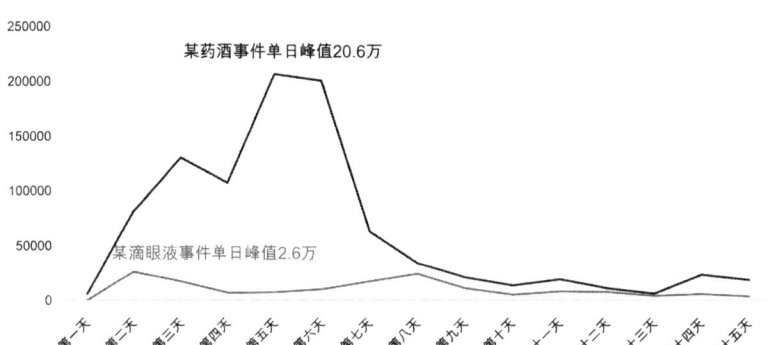

因素引发了舆论更高的关注度，这在某滴眼液事件中是没有的。

资料来源：新浪舆情通。

图 3-11　某药酒与某滴眼液品牌危机事件对比

在 2016 年先后发生的两起教师涉嫌违反"八项规定"的事件引发的舆论危机也非常相似，但舆论走向也有较大的不同。

2016 年，S 省 T 县一所高中的教师因"在学校放假后"到饭店聚餐饮酒，共花费 1390 元，AA 制付费。当地县纪委在 9 月 30 日通报批评，通报称这样的行为"发生在绝大多数机关单位工作日中午时间，在社会上造成不良影响""给全县教育系统及广大教师抹了黑""与中央、省市县委关于加强作风建设要求格格不入"。该通报一时间引起舆论热议，有媒体指县纪委生搬硬套国家相关规定，"好经让歪嘴和尚念歪了"。

下面我们来重点看下 T 县对此事的处置和回应。10 月 11 日，县纪委在接受多家媒体采访时均表示，"通报批评是有依据的"，工作日午间不得饮酒的规定"全县机关、事业单位"都要执行；而关于工作日的判定，要以全体机关、事业单位是否上班为准。仅过了一天，T 县纪委的工作人员就表示关于这次通报的一切内容，需要通过县委宣传部公布，随后不再接受媒体采访。而 T 县教育局的工作人员则表示，自己也是看了媒体报道才知道的，关于事情的进展自己并不清楚。这一处置和回应方式未得到公众谅解，导致信息量继续攀升，引发第二轮舆论高峰。在越来越多的质疑声中，T 县所在的 C 市纪委终于在 16 日发布通告称撤销对教师们的通报批评，并对相关责任人员进行责任追究，引发第三次舆论高峰。这一事件从爆发至平息一共用了 10 天。

就在 S 省 C 市这一事件刚刚平息后不久，F 省 S 市又发生一起非常相似的事件。10 月 23 日，有网民在微博上发布了名为《关于公职人员违反城市管理规定的通报》的图片。图片显示两名来自 S 市 N 县红旗小学和城东小学的老师，因在占道经营摊点买菜被通报。网民的爆料在网上引起了热议。10 月 24 日，N 县委党工委工作人员向媒体证实此事，称通过暗访偷拍，确认 11 人有违规行为（其中 4 名老师）。他们因在占道经营摊点买菜、违规停车和骑摩托车没有戴头盔等行为被通报批评。工作人员还称，这次行动的目的是改善城市面貌。10 月 26 日，中共 N 县委县直机关工作委员会发布公告，表示会深刻反思，认真研究有关规定，及时整改，决定撤

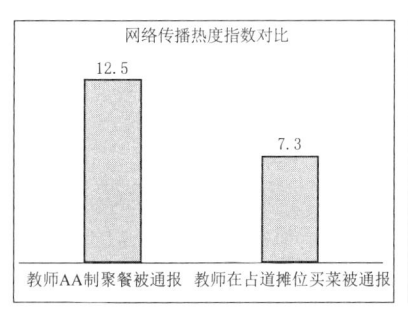

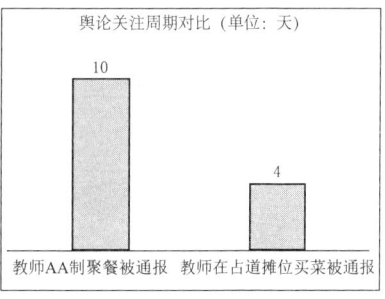

资料来源：微热点。

图 3-12 两起教师被通报事件对比

销在占道摊点买菜教师等公职人员的通报。至 27 日，网络舆论迅速趋于平息，从爆发到平息一共用时 4 天。

S 省 C 市和 F 省 S 市这两起事件都涉及教师群体，都是由于相关部门对公职人员违规行为的理解存在偏差、执行规定过于苛刻而引发的舆论危机。然而，由于危机爆发后的处理速度、回应方式的不同，舆论态势走向也完全不同。

对于影响一起舆论危机事件的常见因素，可以归纳为如下几点。

一、原发因素

原发因素，是指事件本身在发生时就存在的各项因素，如时间、地点、人物、起因等，这些因素伴随着事件本身出现，不能进行人为更改。

1. 涉事主体身份

涉事主体，就是指事件中的"主角"，既可以是利益受侵害者，也可以是过错方。有的涉事主体因其身份敏感，更易受到舆论关注，事件中含有这类主体的，往往更易爆发出较大的危机事件。

一是涉事主体是弱势群体的。心理学家乔纳森·海特提出"道德基础理论"，认为人先天具有一些道德情感，但后天的学习和引导会对其进行积累修改。也就是说，有些道德情感不分地域、种族、出身，是人们生下来就具备的，在这类情感中，排在首位的就是对弱势群体的关爱和对伤害弱势群体之人的愤怒。因此，如果在一起事件中有婴幼儿、老人、残障人士等受到伤害，则舆论天秤自然就会同情弱势的一方，对伤害弱势群体的一方表示愤怒。但在很多场景下，"弱势"是相对的，例如小贩在日常生活中并不会被视为弱势群体，但当其与城管发生冲突时，人们往往容易认为小贩是弱势的一方。再例如，教师与学生家长在一起时，人们往往会认为教师是强势的一方，而当教师与校方发生冲突时，人们往往会认为教师是弱势的一方，给予同情。

二是涉事主体中包含容易被"打标签"的群体。如官员、企业主、上市企业高管、高级知识分子、大学生、少数民族等，因其身份较易受到人们关注，因此也容易成为舆论危机的爆发因素。

2. 是否引发社会同理心

在网络舆情事件中，为什么个体的遭遇往往会引起为数众多网民的愤怒、悲哀等情绪爆发呢？这往往就是由于事件触发了人们的"同理心"。前面我们讲到，很多舆论危机事件的起源是由于群体或个体利益受损导致的，这类事件不仅会使利益相关方产生负面情绪，也会触发同类群体的共情。

【案例：996】"996"指工作时间从早上 9 点到晚上 9 点、一周工作 6 天，代表着中国互联网企业盛行的加班文化。2019 年 3 月 27 日，一个名为"996ICU"的项目在 GitHub 上传开，发起人呼吁程序员们将实行超长工作制度的公司写入"996 名单"中，抵制互联网公司的 996 工作制度。4 月 11 日，某互联网企业集团某高层管理人员在内部交流中对员工说，"今天中国 BAT 这些公司能够 996，我认为是我们这些人修来的福报。"4 月 12 日，他在微博公开回应："任何公司不应该，也不能强制员工 996。A 公司从来也都提倡，认真生活，快乐工作！但是年轻人自己要明白，幸福是奋斗出来的！不为 996 辩护，但向奋斗者致敬！"4 月 11 日，《人民日报》针对"996 工作制"发表评论员文章《强制加班不应成为企业文化》。"996"引发网络热议，据微热点统计，仅 2019 年 4 月 11 日至 15 日期间，全网相关信息量就达 65.2 万条，微博相关话题达 27 个。当年 12 月,"996"入选《咬文嚼字》2019 年十大流行语,成为国家语言资源监测与研究中心发布的"2019 年度十大网络用语"。

这一案例与其他案例不同,既没有人员伤亡,也没有发生直接经济损失;之所以能引发网络热议,就是因为触发了无数"打工人"的社会同理心。

【**案例:新郎因所买内衣不合身迎亲被拒**】 2021 年 1 月 5 日,一则再普通不过的社会新闻居然登顶微博热搜榜:贵州遵义一名小伙去迎亲时,因前一天给新娘买的内衣尺寸太小而被拒绝迎亲。虽然结婚是人生大事,但放在整个中文互联网世界中,就是再小不过的普通事。在这起事件中,双方只是发生了口角,甚至连肢体冲突都没有,但就是引发了网民热烈的讨论。从微博评论中可以看出明显分为两个阵营,一方认为男方故意或敷衍,一方认为女方小题大做,而这两个阵营的分界中,也有比较明显的性别痕迹。这样一件家常小事能够超过疫情话题、超过明星话题,占据热搜榜的首位,社会同理心起到很大的作用。

资料来源:微博热搜。

图 3-13 新郎因所买内衣不合身迎亲被拒

3. 社会大环境中的阶段热点及公众隐忧

网络舆情在不同时期会呈现阶段性的特征,形成阶段性的热点。这类阶段性热点不是指单一的事件，而是指一个类型的事件或社会现象在某一时间段内一直受到公众关注。这种阶段性热点可分为两类：一类是在较长时期内，甚至几年内公众普遍比较关注的问题，下文介绍的"网络反腐"就是典型；一类是周期性的热点，例如每年的春运、高考、供暖等，都属于周期性公众关注话题。处在热点期内，公众往往对相关事件更为敏感、更为关注，同时也容易引发对过去同类事件中的负面情绪记忆，因而往往比其他时期更容易引发舆论危机。

【案例：网络反腐】"网络反腐"在较长时期内一直是网络上的热点话题，一度成为互联网时代的一种群众监督新形式，成为行政监督和司法监督的有力补充。中央党校出版社 2009 年出版发行的《中共党建辞典》中还收录了"网络反腐"的词义。2012 年 C 市 B 区委书记雷某某因在互联网上被曝不雅视频被迅速免职、后被判受贿罪；2012 年 S 省安监局党组书记、局长杨某某在重大交通事故现场，因面含微笑被人拍照上网引发争议，并被网民指出有多块名表，被讽刺为"表哥"，被免职后判处受贿罪和巨额财产来源不明罪；2013 年 S 市高级人民法院陈某某、赵某某等 5 人在某夜总会集体嫖娼被处分、处罚等，都是"网络反腐"的成果。但在党的十八大之后，随着党中央全面从严治党、狠抓惩治腐败，同时各条正规举报渠道建立健全，公职人员日常言行也更加自律，"网络反腐"已不再是网络热点。

二、过程因素

与原发因素的不可更改相反，过程因素是一起事件发生之后，人为介入的各种因素，这些因素是动态的、可调整的，其合理性将对舆论走向起到决定性的作用。

1. 处置及回应时间

在舆情界，一直有处置突发事件"黄金24小时"之说，即认为在事发24小时内发布权威消息、主导舆论是平息事态的关键。2010年，人民网舆情监测室首提"黄金4小时"概念。之所以要把24小时减去20小时，乃是因为新兴媒体崛起，渗透并深刻参与到突发事件的发展过程中；在新媒体的冲击下，传统的"黄金24小时"法则渐显无力。"4小时"考虑了需要理清事实真相、政府各部门协调工作和完成信息披露文书所花的时间。

其后，广东省网信办副主任、资深媒体人曾胜泉提出"黄金2小时"概念，指的是突发事件从发生到网上传播扩散、形成舆情指向，所需时间1～2小时，这是危机处理和舆情引导的最佳时机，有可能抢占信息传播第一落点，影响受众对事件的第一印象和基本判断，赢得舆论主动权和话语权。在2小时内，即使未抢到第一落点，公众也有耐心等待政府部门做出反应；如果2小时后仍迟迟沉默不语，他们就会在焦急等待中从其他渠道打探消息，很可能耳闻或传播不实信息乃至谣言，导致混淆视听，干扰事件处置。[1]

无论是"黄金4小时"还是"黄金2小时"，强调的都是对事件的及时发现和尽早处置，避免因官方信息缺失而导致的信息传播失控，以及监管缺位带来的公众质疑，进而演化为更大的舆论危机。

【案例：南京男子驾车撞人事件　官方及时通报有效平息舆论】 2021年5月29日21时45分，江苏省南京市发生"驾车撞人并持刀捅人"事件，引起舆论关注。5月30日0时36分，在事

---

[1] 曾胜泉. 网络舆情应对技巧[M]. 广州：广东人民出版社，2015：3.

发后 3 个小时内，江苏省南京市公安局官方微博"平安南京"发布了第一条通报，表示犯罪嫌疑人已被抓获，初步调查为感情纠纷行凶，受伤群众均已送医，暂无生命危险。5 月 30 日，南京市召开新闻发布会，对相关情况进行了详细通报。

统计本次事件中网民使用的热门微博表情，除表现同情伤者、谴责犯罪嫌疑人的表情外，还出现"赞""good"等体现正面情绪的表情。《现代快报》也曾发布文章表示，"梳理整起事件，南京在突发事件处置和信息发布上的快速高效，第一时间把突发案件的性质、简要案情、结果和处置情况做了精确通报，这是难能可贵的地方"。可见南京警方及有关部门的快速处置和详细通报获得舆论的认可。

从本次事件的全网信息量走势来看，5 月 29 日晚，舆论被迅速引爆，30 日凌晨，南京警方通报后，全网信息量达到峰值，随后快速回落。此后，相关事件的全网信息量整体维持在较低水平，官方的快速反应和及时通报有效地平息了舆论。

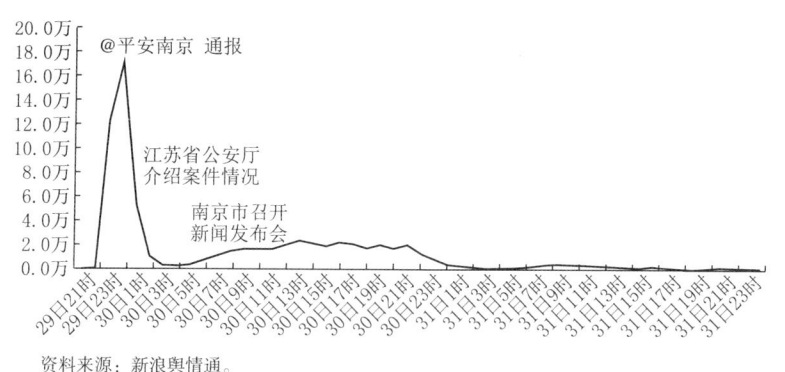

资料来源：新浪舆情通。

图 3-14　南京男子驾车撞人事件　官方及时通报有效平息舆论

【案例：S 市地铁女乘客被夹身亡事件】 2022 年 1 月 24 日晚，网传消息称，一女子于 22 日在 S 市地铁站内被地铁屏蔽门夹住，随后不幸身亡。当晚有多名网民在S市地铁官方微博下留言，询问15号线是否存在网传夹人的情况，未获地铁方回复。直到1月25日9时，当地地铁集团有限公司运营管理中心自媒体账号才发布情况说明，确认有乘客被夹身亡。网民B评论称"前几天我留言问官方微博，某某站死人，只字未提！过去那么多天，被网民曝光才知道公告一下？运营安全比你们所谓的第三方检查重要得多"。

2. 处置及回应的效度

效度，即有效性，在舆论危机事件中，效度实际上是指通过官方的处置和回应，对平息负面舆论、解决矛盾的有效引导性。

对于负面舆情，回应不是目的，解决矛盾、平息公众的负面情绪才是目的；而在这个过程中，回应只是一个手段。

因而，处置及回应是否有效，就成为影响舆论走向至关重要的一个环节。有不少舆论危机起源于小事件，但因涉事方处置或回应不当，导致形成舆论危机。也有一些看似很严重的事件，只因涉事方处置得当，最终度过危机。

【案例：某品牌包子店的公关危机】2020年9月8日，微博博主"谷岳"发布了一则某著名品牌包子（王府井总店）的探店视频，视频中该博主在餐厅就餐后给出差评。视频发出后不久，涉事包子店微博账号就发布了一则声明称，该视频所有恶语中伤言论均为不实信息，要求立即停止侵权行为，并在国内主流媒体公开道歉，餐厅将依法追究相关人员和网络媒体法律责任。此后，该微博账户就被注销。对此，谷岳在接受媒体采访时表示，自己拍摄视频并非有意针对该包子店，视频内容也并无不实之处。9月15日，某品牌集团官博发布声明表示王府井店严重违反了集团企业品牌管理规定和加盟协议相关约定，严重损害了集团名誉，造成了极其恶劣的社会影响,集团从即日起,解除与该店加盟方的合作。"

所谓"众口难调",对提供大众服务的餐饮企业来讲,消费者对服务好评、差评都属正常,只要不是无端捏造诸如食材变质等动摇企业根基问题的,都比较常见,也应该给予一定的包容度;即便认定有人在恶意炒作、故意抹黑,也可以采取邀请更多自媒体创作者探店、公开生产流程等方式正面引导。更何况,"谷岳"之所以选择这家餐厅探店,原因正是这家店在大众点评网上得分极低。

从事件走势上来看,微博博主"谷岳"所发布的探店视频即便9月10日被"大V""北京人不知道的北京事儿"转发,所引发的传播量也在正常范围内,并没有引爆舆论。但在9月11日涉事包子店发表声明后,才引爆舆论,演化为一场舆论危机事件。

资料来源:新浪舆情通。

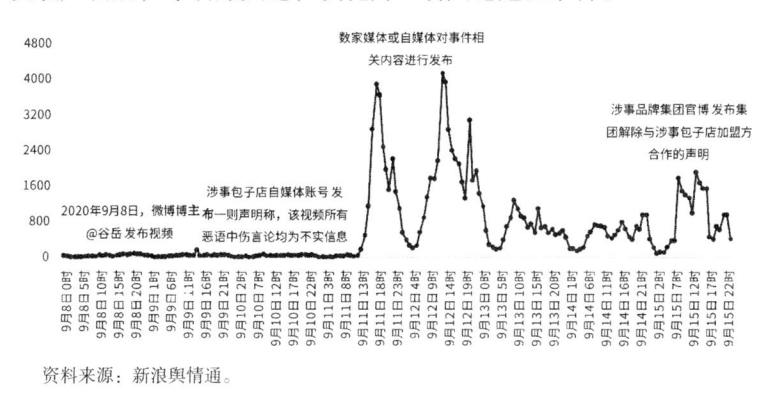

图 3-15　某品牌包子店的公关危机全网信息量走势图

正如百家号"北京范儿"所说,"真正让这个事件上热搜的原因,其实并不是包子的味道,而是这个店处理差评的操作。他们直接报警,而且,临时注册微博,以集团的身份让拍摄视频的作者和自媒体道歉"。所以,这是一起典型的由处置回应不当而引发"灾难性"危机的案例。

【案例：邯郸一轿车冲撞人群　警方三次通报平息舆论】 2022年3月20日16时许，河北省邯郸市一辆白色轿车在非机动车道内冲撞，将十几位等待通行的市民撞倒，由于案件性质恶劣，迅速引爆舆论。当日19时，邯郸警方发布通报称，现场14人受伤，均已被送医，肇事司机被当场控制。当日22时，"邯郸公安网络发言人"再次发布通报称"4人经抢救无效死亡""成立专班深入调查事故原因"。21日18时，邯郸警方第三次发布通报表示，犯罪嫌疑人刘某北因超量服药酿成祸端，因涉嫌"以危险方法危害公共安全罪"被刑事拘留。

此类恶性案件极易诱发舆论危机，尤为考验相关部门的应对处置能力，而在本次事件中，全网信息量在邯郸警方的两次通报后均有较大幅度的下降，第三次通报后，全网信息量已趋于平缓，可见邯郸警方的处置回应有效地平息了舆论。

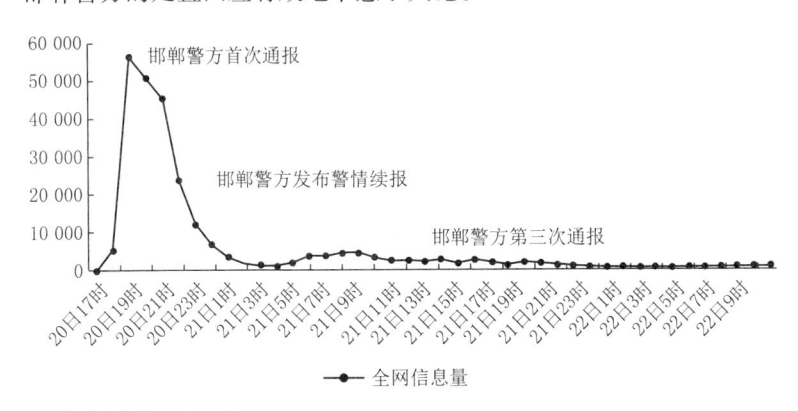

资料来源：新浪舆情通。

图 3-16　邯郸一轿车冲撞人群事件全网信息量走势

从本次事件的敏感信息占比走势也可以看出，经过邯郸警方的三次通报，敏感信息占比整体呈下降趋势，可见邯郸警方的及时通报、回应舆论关切、进一步答疑释疑一定程度上消解了网民的强烈负面情绪，也有网民转而为当地警方点赞，如某位搜狐用户称"任何突发事件，政府都是第一时间赶到，为警方点赞"。

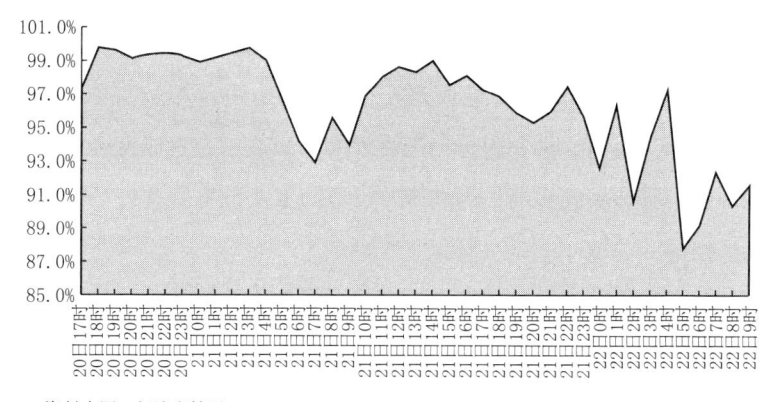

资料来源：新浪舆情通。

图 3-17 邯郸一轿车冲撞人群事件敏感信息占比变化趋势

3. 高影响力传播者的介入

一起负面舆情事件能否演化为舆论危机事件，大多数情况下都与高影响力传播者是否介入传播相关。高影响力传播者既包括有较大影响力的新闻媒体，也包括我们常说的"大V"，即明星、企业家等公众人物，或是"粉丝"众多的自媒体作者。

自媒体的普及应用提高了人们的传播意识，我们经常可以看到普通人的账号在发布某条信息时@很多高影响力账号，这种情况下，通常是普通人的账号信息表达了某种诉求，希望通过高影响力账号的转发得以扩散。很多舆论危机事件的最初发布者都是普通人的账号，但最终之所以演化为众所周知的危机事件，几乎都是因为高影响力账号介入传播,打破圈层,成为大众热点。

【案例:穿山甲公子事件】 穿山甲公子事件一直被视为比较"诡异"的舆论危机事件,是在引爆之前一年多由一个普通微博账号所发的旧博文引发的。

2015 年 7 月 15 日,微博账号 A 发了一条博文:"G 省考察圆满结束,谢谢邀请,了解了不少!各部门领导都很热情,特别 L 局长 H 书记请我们到他办公室煮穿山甲给我们吃,第一次吃,口感味道很好,已经深深爱上了这野味了! 14 号有报道!"

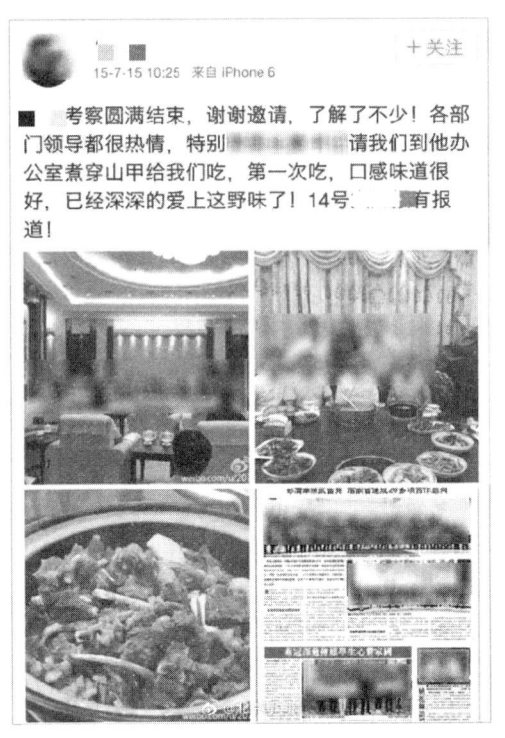

资料来源:新浪微博。

图 3-18 穿山甲公子事件

因 A 的粉丝量很少，这条博文发布后一直没有引起人们的注意。直到 2017 年 2 月，这条微博突然之间就"火"了起来，半个月内全网相关信息量高达 67.8 万条。经各方深挖，被戏称为"穿山甲公子"的 A 真名李某某，是某企业家之子，2015 年 7 月随企业家考察团到 G 省 N 市展开考察。食用穿山甲并非考察团行为，而是考察结束后"李某某未随团返回香港，而是自行留下，于 7 月 11 日起与朋友在 G 省游览时发生了此事……属李某某的个人行为"。①

但是，这样一条沉寂一年多的微博、主人公近期也并没有引人注意的行为或变动，为何突然就引爆舆论场了呢？微热点当时对事件发展途径进行复原后，寻找到了答案。2017 年 2 月 4 日晚间，微博网民"萌王富贵"发布了一条婚宴上吃穿山甲的微博，@了一些大账号。随后，当时有 600 多万粉丝的"博物杂志"转发了这条微博，被其普通"粉丝"同时也是自然科学爱好者"华美极乐鸟"看到。"华美极乐鸟"随即搜索食用穿山甲的相关信息，发现了"Ah_cal"所发的旧博，在第二天晚间编发了一条微博，@了"国家林业局""博物杂志"等高影响力账号，随即被果壳网作者、当时有 11 万"粉丝"的"刘夙"转发，进而又被当时有 533 万"粉丝"的"飞雪之灵"和知名"大 V""江宁婆婆"等多层级转发，立即引爆了舆论场，主流媒体开始介入调查、报道。

由此可见，穿山甲公子事件是由普通网民发布，再经由高影响力用户引爆的典型案例。

---

① 据百度百科"穿山甲公子"词条、中国青年网 2017 年 2 月 7 日相关报道综合。

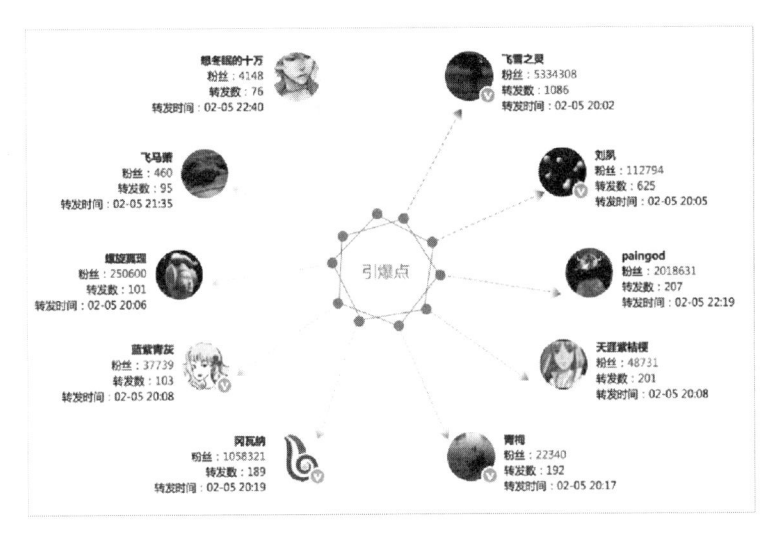

资料来源：微热点。

图 3-19 穿山甲公子事件引爆点

【案例：女子在某酒店遇袭事件】 2016 年 4 月 3 日，从外地来 B 市的女士弯弯（化名）表示，其在某酒店入住时，被陌生男子跟踪后强行拖拽，后被抓住头发用力撕扯，在该女士大声呼喊后，围观者逐渐增多，该女士被一女顾客搭救后，陌生男子逃走。此事引发网络热议，弯弯所发的单条微博达到 937 万次转发、28.3 万条评论和 1.68 亿次阅读。其后，警方将涉案男子李某抓获。李某是从事卡片招嫖介绍卖淫违法活动的团伙成员，在酒店发放招嫖卡片时，误以为弯弯是"同行"，遂意图驱赶。

这一事件的引爆轨迹很值得研究。弯弯在事发后曾连发 13 条微博曝光此事，但都没有引起公众关注，这 13 条微博引来的转发合计 456 次，累计的评论仅有 75 条。直到 4 月 5 日晚间，"大 V""所长别开枪是我"（当时"粉丝"556 万）转发了弯弯最新的曝光微博并给予评论,他的微博很快就被转发了七万多次,成为事件的关键引爆点。随后,"大V"们的不断转发终于引发了链式反应。在网上拥有巨量规模"粉丝"群的娱乐明星们也纷纷加入转评队伍中,"白举纲"(当时"粉丝"323万)、"Angelababy"(当时"粉丝"7 191万)、"海清"(当时"粉丝"942万)、"马苏"(当时"粉丝"1 367万)、"舒淇"(当时"粉丝"3 191万)等带来的转发和评论把事件推向火爆。

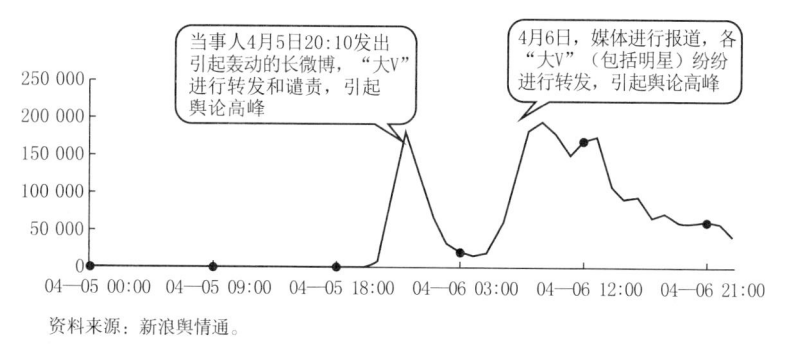

资料来源:新浪舆情通。

图 3-20　女子在某酒店遇袭事件微博信息量走势图

正如女子在某酒店遇袭事件一样,每一个事件里面通常都会有一个或数个"引爆点",它可能是一家媒体的一篇报道,可能是一个网络大V转发的一条微博。但无论如何,这个"引爆点"是具有一定影响力的机构或个体,通过其自身影响力让更多的网民同时接收到这一信息,并二次传播出去。

第四章 应对之前——及时发现与风险研判

我们之所以用很长的篇幅介绍舆论危机的相关概念和基本传播规律,就是为了提高舆情素养、建立有效的舆论危机应对机制,以便在遇到负面舆情事件时能够妥善地进行处置和应对,避免陷入舆论危机中不能自拔、从而导致公信力和公众形象严重受损。

舆论危机通常可以分为三种类型:一是意外型,即正常按部就班地工作,但突发意外状况导致危机产生;二是事故型,即因为工作失误或工作人员言行不当引发的危机;三是误会型,即涉事主体并没有犯错,但种种原因导致公众误解所陷入的危机。

对于舆论危机的处置,通常分为四个步骤进行,及时发现——风险研判——应对处置——效果评估。本章将重点介绍"及时发现"和"风险研判"。

第一节 及时发现

最有效的舆论危机处置方式,就是不要让事情演化成危机。我们从大量的案例中可以看到,其实很多的舆论危机事件,是完全可以在初期解决掉的,但却因涉事主体发现得晚,或不够重视,或反应失误,导致小事件演化为大危机。我们所说的这种"解决"不是简单粗暴地切断事件传播路径，而是在其还处于苗头性、倾向性状态时就得以发现，并找出根本性矛盾尽快加以解决。因此，对于舆论危机的处置，第一个环节就是"信息监测"，这一环节要求做到对风险苗头信息的"及时发现"。

对一起舆论危机事件来讲，发酵的时间越长、舆论关注度越高，则处置难度越大。因此，必须尽早发现各类负面舆情，才能尽早介入进行评估处置，才能有机会将问题解决于萌芽状态。涉事主体不能成为"最后一个知道消息的人"。

对于日常舆论危机的监测工作，现在多数政府部门以及一些大中型企业已经比较重视。一套有效的舆论安全监测系统，再辅以人工判断，可以有效率地进行信息报送。

有效的监测系统应该满足"快、全、准、稳、智"五项要求：

1. 快，就是监测速度快，在各平台出现相关信息后能够在第一时间发现，并利用邮件、微信、QQ等工具进行预警推送；

2. 全，有两个方面的含义，一是监测范围全面，将有一定影响力、有可能成为舆论危机源头的各类新闻媒体、政务媒体、社交媒体、短视频平台等都纳入监测范围内；二是监测的信息类型全面，即能对文字、图片、音频、视频等多模态信息进行监测；

3. 准，就是信息精准度高，与监测内容无关的冗余信息尽量不要出现，以减少监测人员的工作量；

4. 稳，就是要确保监测系统能够稳定地支持多线程并发的需求，以免在危机爆发的关键时刻失灵；

5. 智，是指基于语义理解的信息监测，已经突破了传统监测系统基于"关键词"的检索模式，升级为基于"语义"的跨模态检索模式。

资料来源：新浪舆情通。

图 4-1 新浪舆情通"舆情监测"功能

第二节　风险研判

在舆情应对处置中，很多人都容易犯一个错误：在发现负面舆情后，没有对事件进行充分的了解，也没有对舆论声音进行完整的分析，就贸然处置或回应，结果反而陷入舆论危机的旋涡中。

因此，我们虽然强调要抓住负面舆情事件的黄金处置时间，尽快给予处置或回应，但仍要同时强调，在"快速应对"之前一定要先进行风险研判。通过风险研判，我们才能客观全面了解舆论反馈情况，了解事件的起因和发展过程，了解当前的受关注情况，了解舆论的主要关注点和质疑点究竟是什么，了解媒体的立场，了解不同类型网民的态度，了解危机背后是否有不正常因素的干扰……只有掌握了这些情况，在进行应对处置时才不至于"跑偏"，才能迅速回应民众的关切,才能从根本上解决矛盾、化解危机。

风险研判的工作要快,尽量利用智能检索和大数据分析工具去快速完成。研判工作可以从四个方面入手,即爆发力度、传播广度、风险强度和处置效度(前文已有阐述,详见第三章第三节内容)。

一、爆发力度

所谓爆发力度,是指一个事件在短时期内受关注程度的变化情况,是对传播趋势进行的一种判断。强爆发是舆论危机事件进入危险期的一个信号,一旦发现事件开始强爆发,则要迅速进行妥善处置和应对。我们必须客观地认识到,虽然从理论上讲,所有的投诉、负面问题都应该迅速得以处置或回应,但在现实工作中,受精力、时间和认知程度的影响,要做到这一点非常不容易。因此,无论对政府部门来讲还是对企业服务来讲,都要对需要解决的问题进行优先级的排序。这就需要监测者能够分辨出那些有可能演化为舆论危机以及正在呈现上升势头的事件,并优先进行处理。对于爆发力度的判断,通常可使用两类工具。

1. 信息量变化趋势

这是指后一个统计周期的信息量,与前一个统计周期的信息量相比,增加了多少。比如,一个事件在一小时之内的相关信息量突然增加了 10 000 条,那我们说这个事件爆发力度很大。当然,这个增量多少算"多",是个相对的数值,需根据自身实际情况进行判断。

2. 热度指数变化趋势

热度指数的全称是"网络传播热度指数",是指新闻媒体、微博、微信、客户端、网站、论坛等互联网平台海量多模态信息的基础上,提取与指定事件、人物、品牌、地域等相关的信息,并对所提取的信息进行标准化计算后得出的指数[①]。因为热度指数每小时计算一次，且指数计算范围就在 0 ~ 100 分之间，因此可以更直观地判断出受关注度的高低变化。在使用这类数据分析工具对一个事件信息量或热度进行分析时，其传播的波动曲线越陡，则表示其爆发力度越强。

【案例：钟某某被当地教育局约谈】 钟某某是 H 省 H 市的一名学生，2020 年 5 月因在视频中模仿老师而走红。5 月底，网传钟某某被当地教育部门约谈，其模仿老师的视频全部被删除。6 月 3 日，当地教育部门对此事做出回应。从此事件的网络传播热度指数走势图中可以看出，在 6 月 3 日上午 10 时，事件热度指数在一个小时内从 2.64 迅速上升至 48.97，爆发力度较强。

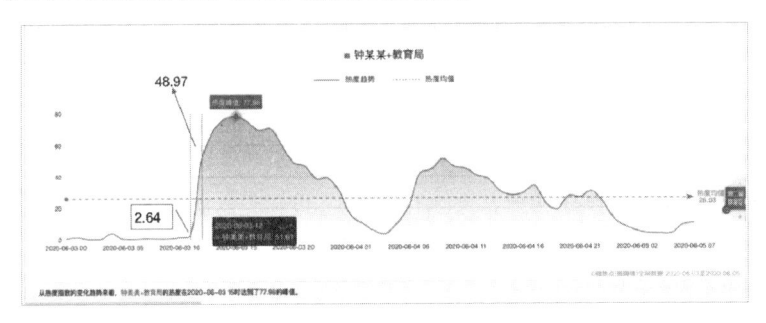

资料来源：微热点。

图 4-2　钟某某被当地教育局约谈网络传播热度指数趋势图

3. 热搜榜

热搜榜，既是网民获取新闻信息的一个重要渠道，也是网络流量的一个重要入口，同时也是网络舆情的实时"风向标"。微博、百度、抖音、今日头条等平台都有自己的热搜榜单，这些榜单通常

---

① 资料来源于微热点（wrd.cn）。

以用户搜索为主要依据、按不同的算法生成,并实时变化。这些热搜榜是平台用户浏览内容的重要入口,一旦登上热搜榜,则受关注度将呈爆炸式增长。因此,实时监测热搜榜,也是做到舆论危机"及时发现"的重要渠道。

二、传播广度

传播广度是指一个事件的传播覆盖范围大小。在这里人们也容易陷入一个认识误区中,认为事件的相关信息量越大则传播广度越大,实则不然。由于互联网过于广博,不同群体所关注的传播平台不同,所关注的事件类型也不同。有的事件看似信息量很高,但很可能是因为某个特殊群体的高度集中关注所引发的,而在其他平台、其他群体中却并未受到关注。

这方面最典型的例子就是"饭圈",即"粉丝"圈子所关注的事件。微热点(wrd.cn)实时捕捉、录入并分析整个中文互联网上的热点事件,每天入库的事件量高达上千条。如果仅按事件相关信息量的多少去排序的话,那么排在前面的大多数情况下都是明星事件,而且很可能就是明星的常规动态。这类事件的相关信息量高,往往因其"粉丝"在微博上大量的转发、讨论,而"饭圈"之外的人则并不关心,主流媒体也不会大量报道,因此,我们判断这类事件的传播广度并不大。

判断传播广度可参考两个数据。

1. 转发层级

一是事件的传播层级,或者叫转发层级。一个事件被网民小白曝光后,假如B、C、D三人均转发了小白的微博;而随后,张三转发了B的微博,李四转发了C的微博;再之后,小李和小王都转发了张三的微博。那么,我们说B、C、D是第一个转发层级,张

三、李四是第二个转发层级,小李和小王则是第三个转发层级。

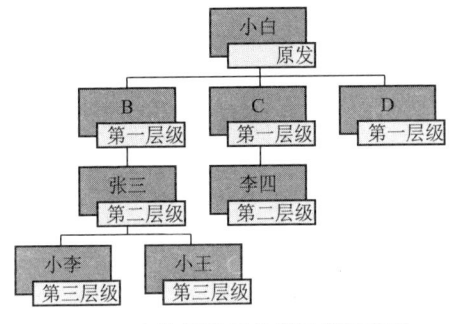

图 4-3 事件爆发后传播层级示意图

在一个事件中,其转发层级越多,说明这个事件的传播力越大、覆盖面越广,那么其传播时间也就会越长,平息难度也就越大。

资料来源:微热点。

图 4-4 某事件爆发后传播层级

2. 传播平台

对传播平台的研判,也就是看参与传播的不同群体或不同平台丰富度。通常来讲，当对一个事件的关注群体越多，我们就可以判断事件真实的受关注程度越高。而从传播平台来看，参与事件传播的平台越多，也说明事件受关注程度越高。比如说，当一个事件在微博上不同年龄阶段、不同兴趣爱好、不同职业的群体都在参与讨论，那么说明其受关注度高；再比如说，当一个事件不仅在百度贴吧上参与讨论的人数多，微博、知乎上也都在讨论，而且各主流媒体也纷纷参与报道，那就说明这个事件热度真的高。微热点的"网络传播热度指数"其实采用的就是这种计算逻辑，即事件关注群体分布得越广、越均衡，则热度指数越高；反之，如一个事件只在某一类平台上传播，那么其热度则受到限制，不可能达到很高的数值。

3. 参与群体

参与传播群体的丰富性、多样性，也体现出事件的传播广度。通常来讲，当对一个事件的关注群体越多，我们就可以判断事件真实的受关注程度越高。比如说，当一个事件在微博上不同年龄阶段、不同兴趣爱好、不同职业的群体都在参与讨论，那么说明其受关注度高。

资料来源：微热点研究院。

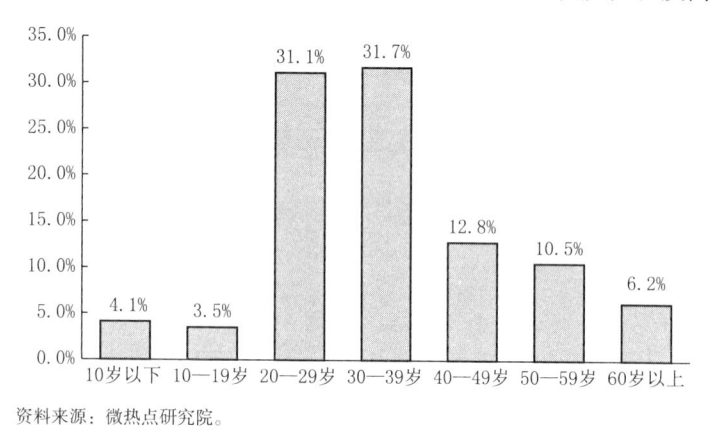

图 4-5 关注某事件微博网民的年龄分布情况

三、风险强度

通过对事件发生、发展过程中出现的关键性因素,以及其数据评估,可以对事件的风险性有一个准确的把握。

1. 事件类型

看似同样类型的事件,因为其构成因素的不同,所引发的舆论危机强度也会有所不同。前文我们曾讲过,事件主体中含有弱势群体、特殊群体的,往往更容易受到舆论的关注。除此之外,有些事件类型也有可能加重危机强度。对含有这类强风险因素的事件,在处置应对时更需小心谨慎。

比如,同样是产品质量问题,食品质量往往比服装质量更受关注;而在食品质量问题中,儿童食品问题又往往比普通食品问题更受关注。

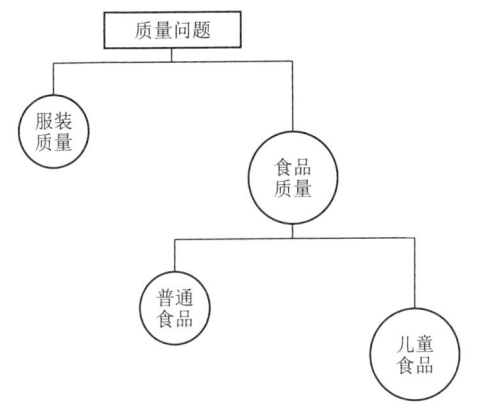

图 4-6 事件性质受关注度差异示意图(1)

再比如,同样是事故类、灾难类事件,群体性、关联性事件往往比单发事件更受关注。而同样是交通事故,机构方的管理缺失导致的事故,往往比司机个人因素导致的事故更受公众关注。

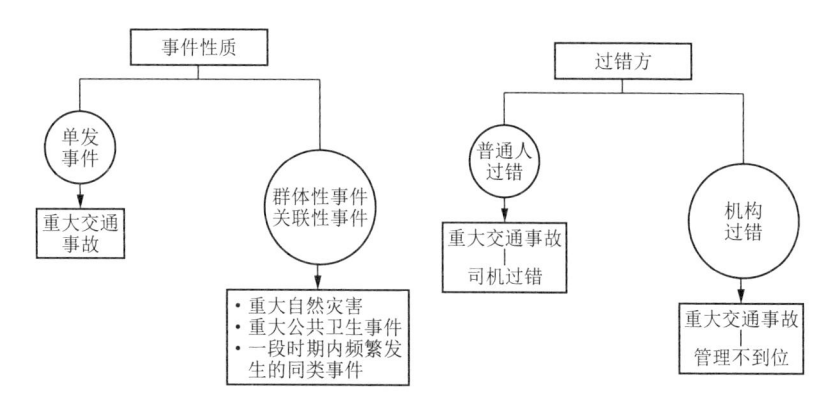

图 4-7 事件性质受关注度差异示意图（2）

2. 舆论情绪判断

对舆论情绪的判断，是判断风险强度非常重要的一环，也是下一步如何进行舆情应对处置的重要前提。这里尤其需要注意的是，并非所有的负面事件都会引发强烈的负面情绪；而另一方面，并非所有的舆论危机事件都是由负面事件所引起的，反而是一些看似正面宣传的事件，有时会引发舆论危机。这就需要对与自身工作相关的各类事件均进行快速的舆论情绪评估。

舆论情绪评估工具中，最常见的就是正负面情绪的判断工具，根据负面信息（在新浪舆情通中被称为"敏感信息"）在全部信息中的占比，可以判断风险状况。

3. 负面情绪指向判断

在自然灾害、重大事故、重大刑事案件等类型的事件发生后，民众情绪中负面情绪占比必然很高。但这时就需要准确判断负面情绪的构成是什么。假如负面情绪中以悲伤、恐惧情绪为主，或者针对犯罪嫌疑人、肇事者的愤怒情绪为主，那么这类负面情绪就是正常的反应，并不一定代表舆情风险度高。但是，如果愤怒情绪主要指向相关部门监管不力、应对处置迟缓等，那么就必须要高度重视，并有针对性地进处置和回应。

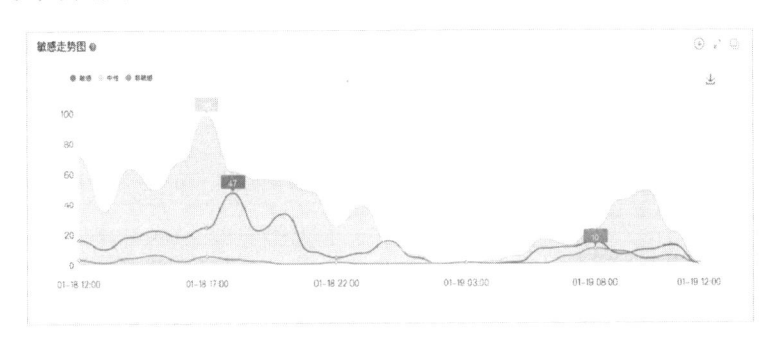

资料来源：新浪舆情通。

图 4-8　某事件敏感信息量走势图

对负面情绪的指向判断通常可采用两种办法：一是利用六元情绪分析法（微热点 wrd.cn，见第五章第二节详述），二是做网民观点抽样分析。

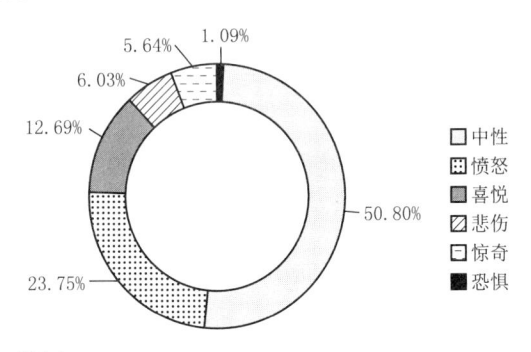

资料来源：微热点。

图 4-9　某事件网民情绪分布图

2008 年，H 省 14 岁的女孩汤某某举报，称自己从 6 岁开始被父亲、爷爷、叔叔、姑父、老师、村主任、乡邻等十余人强奸、轮奸，时间长达 7 年。2010 年，当地法院判处涉案 11 人 5～15 年有期徒刑不等。2018 年初，有涉案人员企图翻案，使得该案件重回公众视野，并引发多轮舆论关注。2018 年 7 月 27 日，H 省高级人民法院公开开庭宣布，驳回"汤某某案"原审被告人的申诉，意味着汤某某案在经过社会关注、媒体聚焦、审查法律程序之后有了明确结论，也意味着法治最终拨开迷雾还原案件真相。抽样统计本案再审审查结论公布前后的网民观点，可见舆论对司法机关的态度从质疑到认可，情绪出现"反转"。

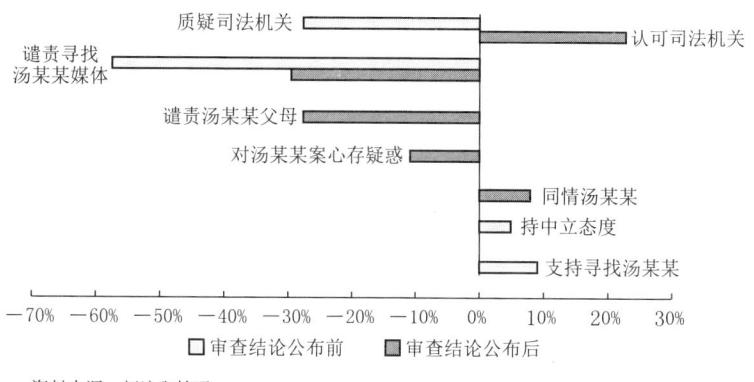

资料来源：新浪舆情通。

图 4-10　汤某某案审查结果公布前后网民观点变化

4. 公信力基础判断

前面第 1、2、3 点讲的都是对事件本身的风险判断，而除此之外，涉事主体之前的公信力基础也有可能成为风险隐患。

有一些涉事主体，之前曾因经历过舆论危机事件而导致公众信任崩塌，陷入"塔西佗陷阱"（详见第五章）。而崩塌后的公众信任度修复往往需要很长时间，在修复之前如再次遇到敏感事件，则会勾出公众的历史负面记忆，导致涉事主体很容易再度陷入负面舆论声潮中。

5. 新闻媒体及意见领袖观点判断

新闻媒体与高影响力自媒体、"大V"等对事件所持的观点态度，具有很强的风向标作用，将影响到众多普通网民的观点和情绪。因此，一旦新闻媒体和意见领袖对涉事主体持有明显的负面观点，则风险度会大大增加。在新浪舆情通（yqt.midu.com）中，为判断新闻媒体和意见领袖的参与讨论情况，专门将媒体信息进行了分类、分级统计。

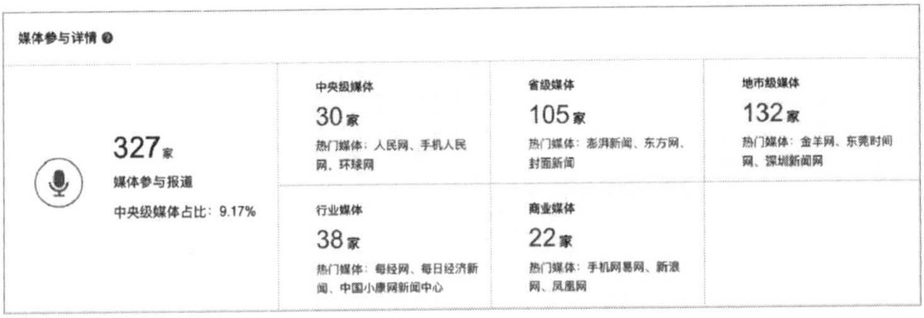

资料来源：新浪舆情通。

图 4-11　某事件新闻媒体参与报道情况

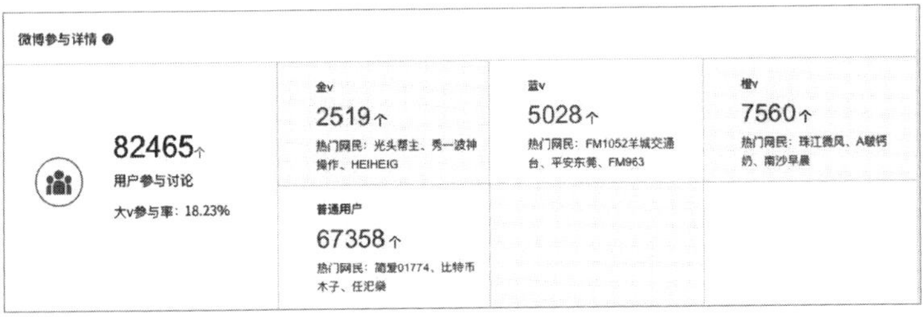

资料来源：新浪舆情通。

图 4-12　某事件意见领袖参与情况

例如，2021年1月，当红明星郑某被曝在美国代孕生子，此事引发舆论巨大争议，几度被推上微博热搜首位。在网民巨大的争议声中，主流媒体纷纷发声，新华社刊文《"代孕黑产"隐患不能视而不见》，国家广电总局主管的刊物《广电时评》也表示"代孕不是私事，与法不合，有违社会主义公德……不会为丑闻劣迹者提供发声露脸的机会和平台"，成为明确的舆论风向标。

6. 舆论危机博弈因素判断

因当下舆论场的开放性，在一个舆情事件发生后，政府部门、新闻媒体、自媒体团队、"大V"、普通网民都会参与到信息传播和讨论中。而事件本身牵涉多方利益，涉事各方都在试图通过回应、动员、发布更多信息的方式进行博弈，以期将舆论向有利于己方的方向进行引导。社交媒体平台上网民的互动、新闻媒体所报道的信息和评论观点、涉事主体的回应、利益受损方的诉求表达等，都构成了舆论博弈。这种舆论博弈有时是简单而公开的，有时则是有组织或隐晦的。水军机器人的应用，其实也是舆论博弈的一种手段。

因此，涉事主体在进行舆情处置之前，要从数据分析中找到倾向性观点的背后催化因素，才能真正把握舆论态势，做出最佳决策。

第五章 舆论危机的应对处置

在对舆论危机事件进行评估后,就要尽快进行应对处置;这时,也进入十分关键的环节——事件定性期。在事件定性期,如果应对得当,舆论将快速平息、网民负面情绪可得以缓解;而一旦应对失当,将陷入一轮接一轮的后续应对中。

也有人质疑,认为既然根据"7天理论"的说法,一起舆论危机事件无论是否回应最终都会平息、网民注意力都会被其他事件转移,那为什么还要回应呢?在这里我们必须清醒地认识到,随着时间的推移关注度自然消退,并不意味着危机得以化解。虽然来自外界的舆论压力貌似减弱,发声量变得很少,但公众并未认可处置结果,因危机问题并未得以真正解决,这时涉事主体在公众心目中的信任度则已崩塌。而这种极端的负面印象一旦形成,往往很长时间无法扭转。这种情况就是舆情行业常讲的"塔西佗陷阱",即某一机构或组织遭遇公信力危机时,无论说真话还是假话,做好事还是坏事,都会被认为是说假话、做坏事。

因此,在应对处置环节必须谨慎小心,避免因处置回应不当而导致二次危机的产生,避免陷入更大的舆论旋涡中。

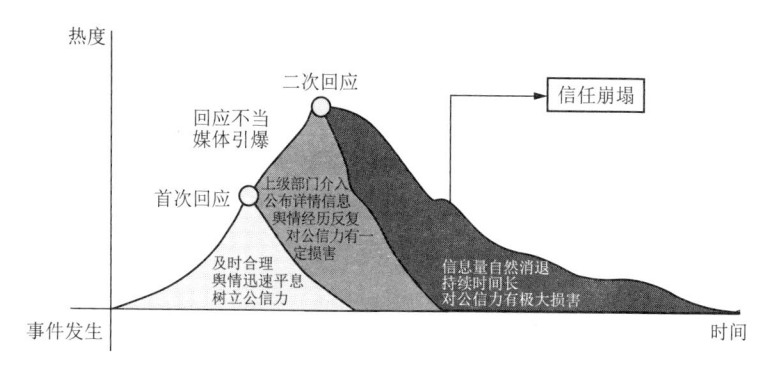

资料来源：网络公开资料。

图 5-1　舆论危机回应情况示意图

第一节　舆论危机的分阶段应对

借用生命周期理论，舆论危机事件的发展进程，通常可以分为四个阶段，即潜伏期、上升期、爆发期、衰退期。不同阶段的舆论特征表现不同，涉事主体在处置过程中应充分研判当下阶段的舆论特征，做好解读工作，主动解疑释惑，积极引导舆论，有效管理预期。

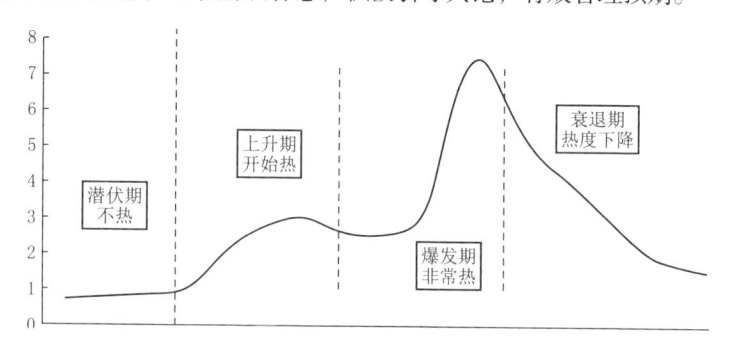

资料来源：新浪舆情通。

图 5-2　舆论危机事件发展的四个阶段

一、潜伏期

舆论危机的潜伏期指舆论危机正处在萌芽阶段，在社交媒体平台上有所反映但暂未引发公众的广泛关注，没有主流媒体介入报道也没有网络"大V"进行转发、评论。

1. 潜伏期的舆论传播特点

在潜伏期，与事件相关的信息量极低，通常为个位数，且关注的网民人数很少，也暂未引发其他网民互动。

2. 潜伏期的舆论特征

该阶段的舆论观点多表现为个别网民在微博、短视频、论坛、贴吧等平台自行传播转载。由于信息分散，还没有引起人们的广泛关注，舆论观点也未形成聚合，舆论危机的传播范围、辐射范围都有限。

3. 潜伏期的应对原则

在这一阶段，由于事件并未被广泛传播，涉事主体应以解决问题、改进工作为主要目标，而不应过于纠结"是否公开回应""如何回应"等问题。涉事主体应该通过信息监测及时发现，针对信息发布者所反映的问题尽快给予解决，并就处置结果向信息发布者进行反馈，从根本上消除危机形成的根源。如信息所反映的问题较为复杂、处理周期较长的，也应尽快与信息发布者进行妥善沟通。

涉事主体需认识到，这一阶段的问题如不能得以妥善解决，虽然不一定马上演化为危机事件，但当问题累积到一定程度或引起高影响力者关注和介入时，则很容易演化为危机事件，处置难度大大增加，且将带来更多的不确定性负面影响。

二、上升期

舆论危机的上升期指舆论危机正处在发酵阶段，引发了部分群体的转发和讨论，事件受关注度（信息量或热度）正在持续上升，但传播范围有限，且没有主流媒体介入报道。

1. 上升期的舆论传播特点

当事件获得一定的关注后，网民的看法、态度和情绪也初具规模，针对事件形成了具有倾向性的话题，这些话题会带动更多的围观，进而导致事件的关注度、传播范围和影响规模不断扩大。

2. 上升期的舆论特征

该阶段网民意见聚集快，相关信息的访问量、点击量快速增长。在此阶段，舆论急于寻求事件真相，跟踪责任主体，关切解决方案。如涉事主体在此阶段不能及时发声回应、公开信息、表达态度、回应质疑、获得舆论主导权，则会给各种不实信息的传播提供空间，导致事态发展失控，即使后期进行辟谣，也难以完全澄清舆论，为后期的危机处置埋下隐患。

3. 上升期的应对原则

在舆论危机的上升期，涉事主体应掌握主动权，快速回应，抢占舆论高地。在这一阶段的回应中，既要快速回应、表明态度，也要慎重发声。当涉事主体充分掌握事实真相且已经过充分调查，在回应中应尽快公开信息、还原真相，且应针对公众疑虑有针对性地进行回应，公布解决措施，澄清不实信息，尽快平息事态。若涉事主体还未对事实进行充分调查，也应尽快做出回应，以传达高度重视、正在调查等正向态度，稳定舆论情绪，挤压谣言的传播空间，为后续妥善应对预留空间。

这一阶段的应对至关重要，应对得当，则危机将很快平息；应对失当，则事态将进一步发展，演化为更为复杂的重大危机事件。在这一阶段，涉事主体处于舆论聚光灯之下，其公信力和声誉将接受公众审视，应尽力展现有能力、有担当、有温度的社会形象。

【案例：长沙女检察官炫富事件】 2021年9月14日，网传长沙市芙蓉区纪委监委工作人员朱某在NGA论坛发帖炫耀，称自己是"女检察官"，丈夫为公职人员，家中有四套房、无贷款，公婆住郊区别墅，并晒出100余万元的银行存款，又有网友曝出朱某和丈夫均违规经商。此事被网友向相关部门举报，引发舆论高度关注。

事发当天，长沙市芙蓉区纪委监委即就此事接受媒体采访，做出了第一轮回应，表示单位确有此人，正在就此情况进行调查。第二天，长沙市芙蓉区纪委通过微信公众号、澎湃号等做出了第二轮回应，对公众关心的问题进行了一一回应。回应称，区纪委监委高度重视此事，赴不动产中心、行政审批服务局、银行等单位调取了详细信息；经调查核实，朱某并非检察官，只是普通干部；夫妻名下有一套贷款房，另有一套与父母共有房，双方父母各自有一套房；所晒存单为购房时所集房款；夫妻名下均无企业，网传企业与夫妻二人无关；已严肃批评教育，责令深刻检查；将加强管理教育，感谢网友监督。

芙蓉区纪委监委的回应有几个特点：一是发现及时，反应迅速，媒体采访时已采取行动；二是不推诿、不敷衍、不慌乱，及时向媒体和公众同步已确认的信息，态度端正；三是在经过充分调查后，一一回应了网民的所有质疑点，并给出充分证据，逻辑严谨，可信度高，迅速平息了负面舆论。

三、爆发期

舆论危机的爆发期指事件引发舆论全面关注的时期。在这一阶段，信息量和热度呈爆炸式增长，主管部门开始介入调查、主流媒体开始采访报道、KOL关注事件进展、事件在各大社交媒体平台均引发热议。

1. 爆发期的舆论传播特点

该阶段的舆论情绪最为剧烈，舆论态势已经发展出体量大、负面情绪高涨或极端、危害性和冲击性都最大的特点，舆论快速发酵、爆发。体量巨大，也意味着有关事件的网络信息海量，各类小道消息、谣言也充斥其中。在无法辨认真伪的情况下，网民极易被这些信息所吸引，网络舆论也极易被误导和转移风向。此外，随着事件不断进展，新的线索也会被挖掘出来，公众的观察视角、立场也会随之变化，从而出现衍生舆论危机，甚至因次生议题引发次生舆论危机。事件的爆发期不一定与事件发生点重合。有的事件发生之后立即在互联网上被快速传播，引爆舆论。但也有为数不少的事件，在发生之后很长时间没有什么人关注，直至某天遇到一个引爆点，才被广泛传播。

2. 爆发期的舆论特征

这一阶段的舆论状况通常较为复杂。一是事态发展到爆发期时，通常说明涉事主体没有在上升期妥善解决问题，导致事态进一步恶化，往往出现信息混杂、难辨真相的情况；公众迫切需要了解的事实真相、解决办法等没有得到有效回应，涉事主体公信力下降，易导致负面情绪聚集；二是舆论经过相对较长时间的发酵后，易被引向更深层次衍生话题，涉事主体的过往历史往往被翻出，之前未得以解决的同类型问题也被重新提起，舆论引导难度加大，且易留下长尾。

3. 爆发期的应对原则

爆发期往往形势复杂，须极为慎重地进行应对，这一阶段进行舆论危机应对时，要对舆论形势进行充分研判，避免贸然行动。在这一阶段有几个参考原则。一是无论舆论形势多么复杂，都首先要承认错误、积极行动、化解矛盾，展现解决问题的决心和态度，才可能从根本上化解危机。二是不应就事论事，一个问题的出现往往不是个别现象，应尽快进行内部工作流程、问题的自查自纠，避免被曝光同类问题，导致负面事件一再叠加。三是在面对公众时措辞严谨，不横生枝节，不胡乱牵扯，避免陷入其他复杂话题中。四是在自身公信力"塌方"时，应借助上级部门、权威媒体、业内专家的力量，帮助厘清事实、平息谣言、公布调查结果和整改措施，有效引导舆论。

四、衰退期

舆论危机的衰退期指经过一段时间的沉淀，公众注意力转移，或经过涉事主体及时有效的引导、采取合理的解决方法全面化解了危机，舆论关注度逐步下降的阶段。

1. 衰退期的舆论传播特点

衰退期的信息量或热度曲线呈明显的且持续的下降趋势，在接近于零时呈较长时期的长尾。事件进入这一时期后，非利益关联方的普通网民、主流媒体不再关注此事件，但关于事件的复盘、分析类自媒体内容仍将持续一段时间，在之后发生同类型危机时，事件也容易被再度提起。

2. 衰退期的舆论观点

随着时间推移、相关部门介入，或涉事主体进行处理，网络对舆论危机事件的关注就逐渐减少，进而进入舆论危机的衰退期。衰退一般有两种原因。

一种是处置妥当、回应得当，得到媒体和大多数公众的认可，各方声音回归理性，舆论就可以再经历一个小高峰后快速进入事件衰退期，公众关注度转向其他事件。

另一种则是处置失当、回应得不到公众认可，会导致舆论一再发酵，质疑直指官方，事态失控后以烂尾收场，这时虽然从信息量来看趋于平息，但实则留下长尾，涉事主体陷入信任危机。虽然普通网民注意力已经转移，但利益相关方及专业人士则持续关注，事后极有可能因为其他诱因使事件的热度再次提升，甚至再次引发次生危机。新的爆点（新的证据、涉事主体的"黑历史"、同类事件等）可能会不断出现，深度背景调查类报道、科普类文章、衍生话题、谣言等也会将舆论场搅得更为复杂。因此，舆论危机事件的事后声誉重建也非常重要。

3. 衰退期的应对原则

进入衰退期后，涉事主体仍应谨慎对待，改进工作，逐步恢复声誉，避免节外生枝。如对于产生危机事件的根源性问题还没有解决的，应尽快解决，同时进行全机构工作自查自纠，避免负面问题叠加。此外，应密切观察舆论动向。

第二节　应对效度评估——不可忽视的余音

在发现危机、风险评估、处置回应后，一场舆论危机的应对并没有画上句号。还有一个关键环节也是容易被大多数涉事主体忽略的，就是对处置回应效果进行客观评估。如果评估效果有效，意味着这一轮舆论危机已基本平息；如公众情绪并未因处置回应而向正向转化，则意味着还要继续给出公众满意的答复。

舆论危机处置、回应效果理想，不能单纯以相关信息量的减少为依据，信息量的减少可能受外界强制力影响或被其他新兴热点事件对冲掉，但公众对涉事主体的负面印象却被留存下来。因此，要客观评估一起舆论危机事件的处置、回应效果，必须用到智能检索工具，通过社交媒体平台上网民情绪的前后转化情况准确掌握处置或回应效果。这种情绪分析工具有五种。

一、正、中、负面情绪对比分析

正、中、负面情绪对比分析（在新浪舆情通中按"敏感""非敏感""中性"分类）。这种情绪判断方式在普通的大数据分析工具中

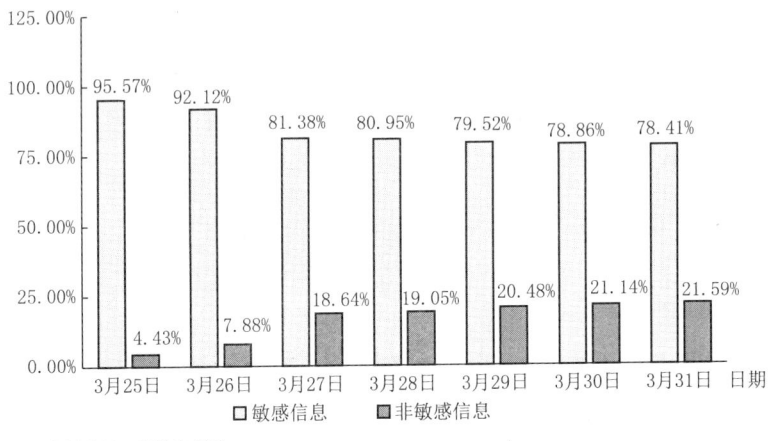

资料来源：新浪舆情通。

图 5-3 "辱母杀人案"初期敏感信息占比变化

一般都能找到，通过关键节点前后的负面情绪占比是否下降来进行情绪转化的判断。比如，在于某案（S省"辱母杀人案"）中，最初公众情绪几乎"一面倒"地被负面情绪占据，但随着公检法的密集发声，正面情绪开始有所回升。

二、六元情绪对比

人类的情感很复杂，在舆论危机事件中的情绪也分很多种，表达的含义和对舆论引导的意义也不尽相同，因此我们将其细分为喜（积极）、怒、哀、恐、惊、中性。如在灾难性事件中，"悲伤"的情绪占比较高属于正常现象；但如"愤怒""恐惧"情绪一直居高不下，则须引起警惕。通过不同类型情绪在关键节点前后的变化，可以较细致地捕捉到公众情绪是否得以扭转。

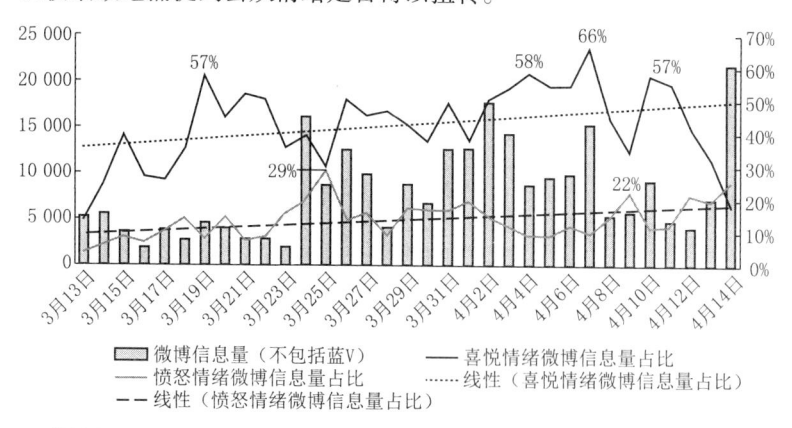

资料来源：微热点。

图 5-4 某事件中微博网民"喜悦"与"愤怒"情绪变化趋势

三、微博表情对比分析

这种通过网民在微博中使用的表情进行大数据统计的方式，

则较六元情绪的分析更加细致。在一起事件的不同阶段,典型正、负面表情的占比变化,可以更精准地捕捉到网民情绪是否得以扭转。

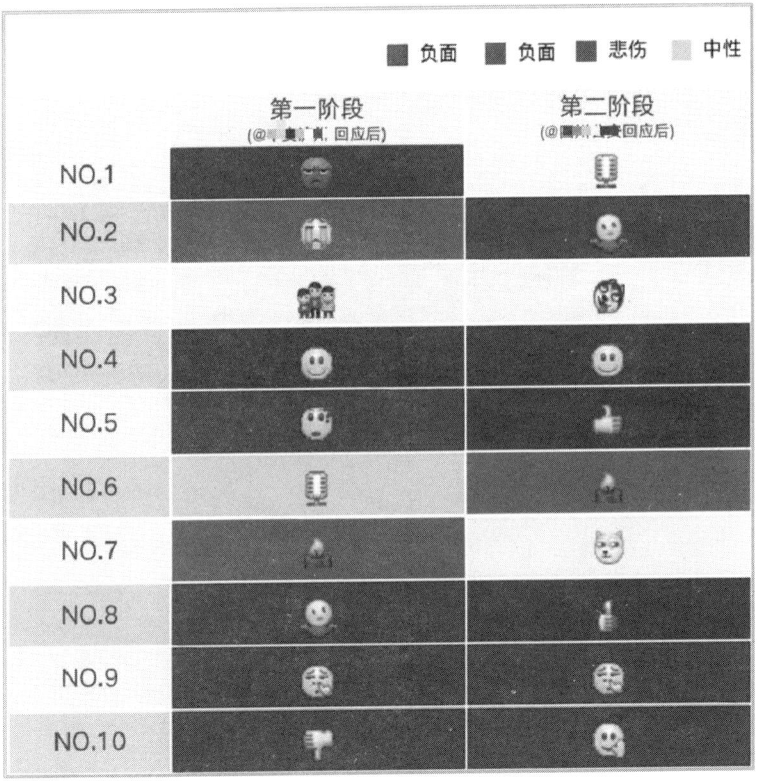

图 5-5　某县学生坠亡案中微博网民表情前后变化统计

资料来源:微热点。

四、单一网民情绪前后变化分析

这是一种最为精准的网民情绪统计工具,通过对每个个体的前后情绪变化,更精准地掌握公众的接受程度。下图中每个点都代表微博中的一个用户,这些用户都在官方回应之前、回应之后分两次就同一事件进行了评论。如图所示,图中"前期负—后期正"标注是在官方回应之前表达负面情绪但在官方回应之后表达正面情绪的用户。这些用户的占比明显较高,因此意味着这一事件的官方回应很好地化解了舆论中的负面情绪。因此我们可以判断,这一事件舆论引导成功。

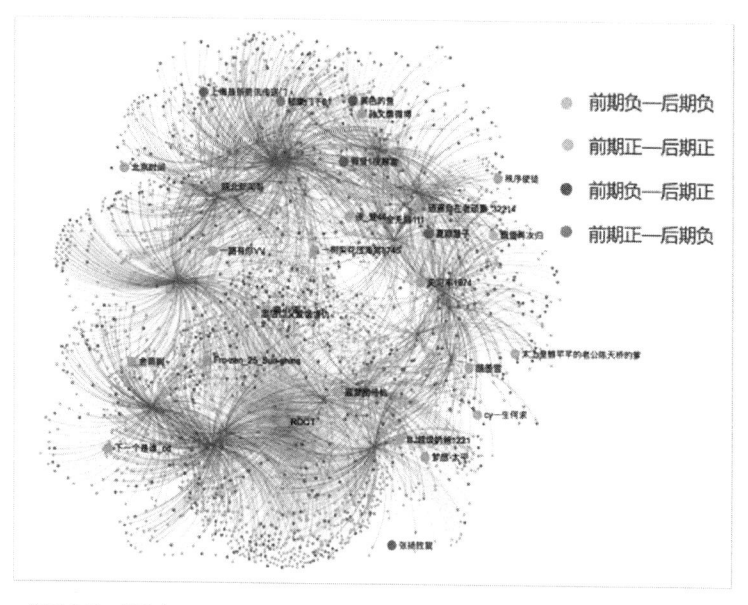

资料来源:微热点。

图 5-6 某市民警绊摔抱娃妇女事件网民情绪转化图

五、网民观点前后变化分析

通过对普通网民在评论中所表达的观点进行统计,可以直观地发现网民的主流观点。但随着事态的变化,尤其是涉事方的回应和处置,网民观点往往也会随之发生变化。下图是在某地发生的一起事件中，网民最初将矛头直指 A 单位，指责 A 单位"暴力执法"；但在相关部门回应、主流媒体发声后，舆论风向发生转变，主要转向指责 B 单位不作为，认为 A 单位只是"背锅侠"。

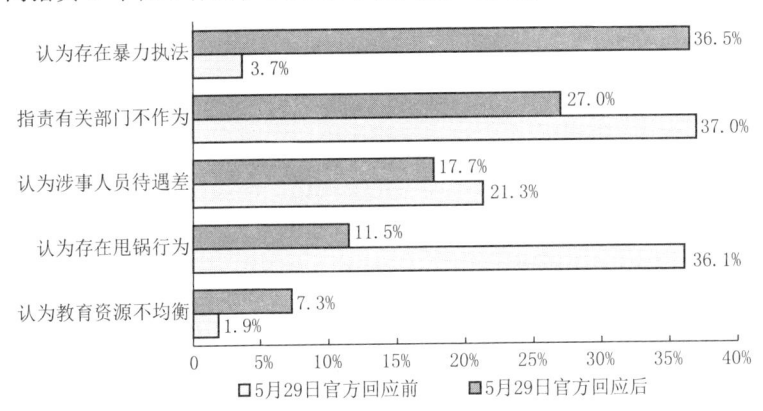

观点	5月29日官方回应前	5月29日官方回应后
认为存在暴力执法	3.7%	36.5%
指责有关部门不作为	37.0%	27.0%
认为涉事人员待遇差	21.3%	17.7%
认为存在甩锅行为	11.5%	36.1%
认为教育资源不均衡	1.9%	7.3%

资料来源：新浪舆情通。

图 5-7　某事件官方回应前后网民观点分布对比

第三节　舆论危机应对的十个基本原则

　　舆论危机事件的处置应对需注重细节，如在危机处理初期，工作繁重、头绪混乱，相关部门和人员更要控制好情绪、态度、言行；在公布数据、细节描述、公布结论等具体环节则需更加严谨，避免出现误差、漏洞；与危机处理密切相关的伤亡人数、救助措施等细节往往受公众关注度最高，在接受采访、情况发布前须多方验证。当然，不同阶段的舆论危机事件的解决侧重点也不尽相同。对于未炒热的事件，应先解决主要矛盾，以解决矛盾为第一要务，而不是以公开回应为第一要务。对于已形成舆论危机的事件，在解决矛盾的同时则要妥善回应公众的各种疑虑。对于那些已经形成复杂态势的重大舆论危机，则不仅仅是被动回应，还应通过设置议题来主动进行舆论引导。

在面对舆论危机时，有十个需注意的基本原则。

一、态度端正

舆情应对的前提是尊重人、理解人、关心人。在面向公众进行回应时，首要的一点就是态度一定要端正。很多人都以为舆论危机的处置是一个技巧问题，但这其实更应该是一个认识问题。公众在舆论危机处置中，往往更关心涉事主体的态度和担当，关心其有没有直面根本问题的勇气，有没有表现出正确的价值观和领导力。这就是为什么很多看似十分重大的危机事件没有进一步恶化、没有对涉事主体的声誉产生根本性的伤害，有时甚至还会令网民"路转粉"，而有些看起来很小的事件却最终演化为巨大舆论危机的根本原因。因此，摆正位置、端正态度，是正确处置舆论危机的第一要务，如果还没来得及对事实调查清楚、无法第一时间向公众公布调查结果，那么也不妨碍第一时间先表明正确的态度。

【**案例：海底捞后厨卫生事件**】 2017年8月25日上午11时，《法制晚报》曝光海底捞太阳宫店及劲松店后厨脏乱，工作人员用漏勺清理下水道、在洗碗池里洗簸箕等。当天下午2时46分，海底捞即做出公开回应，在其新浪微博账号中发出致歉信，回应称："经调查，媒体披露的问题属实，这让我们感到非常难过和痛心，也十分愧疚，我们愿承担相应的经济责任和法律责任，也已布置在海底捞所有门店进行整改。"致歉信发布之后两小时，海底捞在官方微博又发布了关于这起事件的处理通报，宣布两家店停业整改；同时，通报中还表示，涉事两家店干部和员工无须恐慌，该类事件的发生，更多的是公司深层次的管理问题，主要责任由公司董事会承担。随即，"海底捞回应"的消息上了微博热搜第一位。

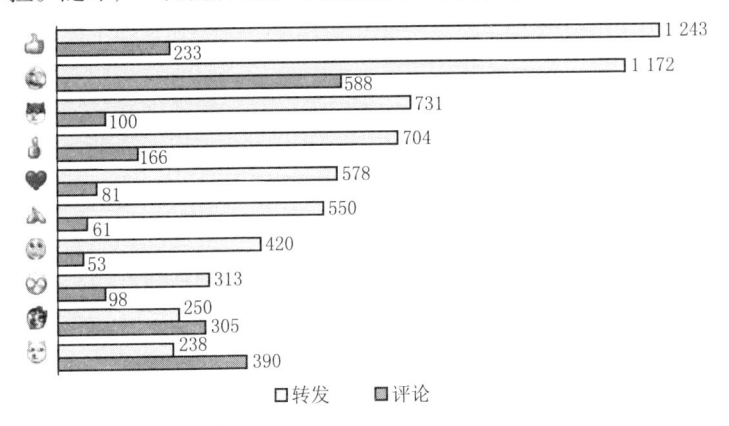

表情	转发	评论
👍	233	1 243
😂	588	1 172
😺	100	731
👎	166	704
❤️	81	578
🙏	61	550
😊	53	420
😎	98	313
👶	305	250
💀	238	390

资料来源：微热点。

图 5-8　微博网友使用表情统计

海底捞的这波危机公关受到公关界的广泛关注，有人将海底捞的反应归纳为三点：这锅我背、这错我改、员工我养。加拿大莱桥大学管理学院副教授、复旦大学管理学院 EMBA 特聘教授鲍勇剑在接受界面新闻记者采访时表示，一切没有行动承诺的表态，至多是漂亮的危机公关，"区别危机公关和危机管理方法之一，就在于行动承诺"。他认为，能够经得起检验的危机管理一般包含下面的具体行动陈述："我们已经发现的问题有……""我们正采取的行动是……""我们还将落实……""检验上述行动的时间节点在……""如果没有做到，我们承诺的惩罚为……"对照这几条具体行动陈述，我们来看看海底捞的通报内容。在最短的时间内，海底捞的确在危机公关稿件中加入了行动承诺的表态。有舆论表示这则"处理通告堪称教科书，落实到每个负责人，诚意满满"。回应声明一经发布，原本的民怨沸腾却有很多被扭转为了"还是选择原谅他吧"。据当时《新京报》的报道情况看，此事并未对海底捞整体形象造成过大负面影响，事后海底捞其他店仍需排队等位。而从微热点（wrd.cn）当时对海底捞回应微博下网民表情分析来看，整体情绪倾向于正向。海底捞这次危机公关成为舆论危机处理的一个典型正面案例。

"端正态度"不易，我们比较常见的是出现舆论危机后的"甩锅"和"切割"，这种现象导致"临时工"在舆论场上成为有着特殊含义的存在。但从普通网民角度看，无论是不是"临时工"，只要其在工作时间内做出的与工作相关的行为，都可认定是职务行为，那么其所在部门就应承担相应责任。在这方面有一个案例，恰好与我们前文介绍的海底捞后厨卫生事件只相隔一天，而两家企业的处置方式却大相径庭。

【案例：某连锁酒店"客用毛巾擦马桶"事件】 恰恰就在海底捞后厨卫生事件发生的前一天，某连锁酒店也发生一起卫生问题引发的危机——被曝光用"客用毛巾擦马桶"。某连锁酒店也在事发后发布了致歉信，致歉信中表示了"经核实，该名员工在卫生清扫时确实存在严重违规行为，该员工也承认违反了某连锁酒店对卫生清洁规范的流程及要求"，并表示酒店已经开除了该名员工，有关负责人也受到了降级、处罚等处分。

某连锁酒店对涉事员工直接进行处罚的做法，几乎是每家企业遇到产品和服务质量问题的条件反射，有自媒体发表评论分析，"虽然看似直截了当、响应迅速，但无法消除消费者的担忧……开除了该员工还有下一位。甚至有企业会甩锅'临时工'，将自身撇得干净"。

对比海底捞和某连锁酒店对待产品和服务质量危机事件的方式可以发现，一个由董事会承担主要责任、安抚员工，一个以开除员工为处理结果，形成鲜明对比。因这两起危机事件恰好先后发生，有不少媒体和自媒体对这两起事件进行对比性分析，海底捞的危机处置方式显然更胜一筹。自媒体账号"人力葵花kuihuahr"就此发表评论，"开除个把员工、停职某个领导，典型的一刀切、暴政懒政。基层出问题，肯定要找管理和组织上的原因，而不是杀个替罪羊了事。"

除了"甩锅"外，"切割"也是舆论危机中比较常见的处置方式，相关主体往往通过这种方式避免受到牵连。那么，这种"切割"是不是都能起到很好的效果呢？并非如此。

【案例：汽车漏油女车主维权事件】2019年4月11日，一段"女车主坐在某品牌汽车引擎盖上哭诉讨说法"的视频热传，女车主自诉花66万元买了一辆车，提车当天开出一千米发动机就开始漏油，经过15天的耐心交涉，回应却从退款、换车，变成"只换发动机"，女车主被逼无奈在4S店中"撒泼"。事件迅速发酵，在相关部门、厂家、媒体、公众一同介入下，很快演变成一场备受关注的公共事件。

4月11日，事发当地市场监管部门对涉事4S店立案调查，并封存涉事车辆，调取了相关证据。13日，市场监管部门再次责成4S店尽快落实退车退款事宜，并组织4S店负责人与投诉人对话协商，店方负责人表示道歉，并表态愿立即退款。当天17时44分，汽车品牌方发布声明，表示对客户的经历深表歉意，已派专门工作小组前往事发地，将尽快与客户预约时间以直接沟通，力求在合理的基础上达成多方满意的解决方案。

16日，涉事汽车品牌中国区主管在接受媒体采访时称，事件的调查正在进行中，公司正配合当局调查。当日18时，汽车品牌方再发道歉声明，并称涉事4S店的销售运营将暂停。当晚，女车主表示，当初的8点诉求中，与个人相关的部分已经全部兑现。

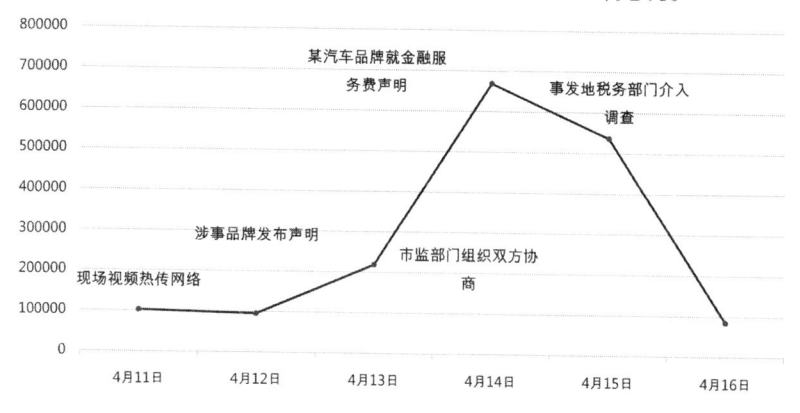

资料来源：新浪舆情通。

图 5-9 某汽车漏油女车主维权事件全网信息量走势图

在这起事件中，除围绕涉事女车主、4S店展开的各类讨论外，最值得深思的是汽车品牌方本身的处理方式。在这一事件中，公众的愤怒情绪主要针对两点：一是对产品的质量质疑，二是认为"店大欺客""推卸责任""偷换概念"。从汽车品牌官方的回应来看，是认为此事乃经销商与客户之间的纠纷，并非车辆本身的问题。但对于公众来讲，并不能将经销商的行为与品牌行为进行切割，从而令品牌本身陷入信任危机。在4月11日事件曝出后，涉事品牌美誉度出现断崖式下降，从87%直降至41.5%，此后随事件发酵美誉度继续下降，直至4月15日才有所回升，但回升幅度有限。

对于涉事汽车品牌在这一事件中的整个公关过程，舆论场批评

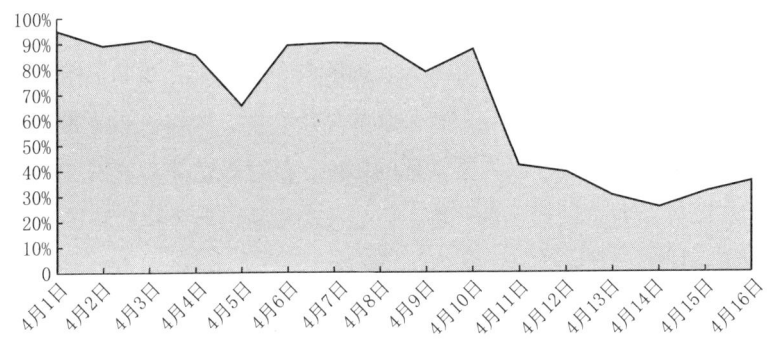

资料来源：新浪舆情通。

图 5-10　涉事汽车品牌美誉度变化趋势

声"此起彼伏"。有网民评价汽车品牌方第一次回应声明"简直是经典的反面案例。而且每一段都是……第一段：未必是涉事汽车品牌的问题；第二段：我们还没有联系上客户；第三段：我们管不住经销商"。品牌方回应不及时、错过关键回复窗口期，且声明内容被诟病，态度"敷衍""草率"，使本就风险巨大、危机重重的厂家陷入被动状态。有自媒体认为这起维权事件中最佳回复窗口期是在11日视频热传网络时，"公司必须当机立断，快速反应，果决行动，与媒体和公众进行沟通，从而迅速控制事态，否则会扩大突发危机的范围，甚至可能失去对全局的控制。危机发生后，首先控制住事态，使其不扩大、不升级、不蔓延，是处理危机的关键"。因此，此时的品牌方"挽回颓势很困难"，"要做的是尽快让危机缩小，或者说有一个明确的结论，而不是去引导媒体，去撤稿，去做优化"。

二、以人为本

美国社会心理学家乔纳森·海特提出的道德基础理论中指出，基于道德基础，人们判断事物的善恶，进而做出有利于个人和群体生存及发展的行为决定[①]。体现善意应优先于是非的争辩。同理，舆论危机应对的前提应该是尊重人、理解人、关心人。涉事主体应该站在公众的立场上，充分理解公众的复杂心理。例如，同情弱者和怀疑不公平的做法，以人文关怀的态度，及时表达关心和同情。再如，以公众的立场和视角"将心比心"的做法，对公众的不满和愤怒表示理解，真诚地表达对公众的歉意。

【案例：米脂中学学生遇袭案】 2018年4月27日，陕西米脂中学学生遭男子持匕首行凶，案件致9名学生死亡、10名学生受伤。案发后，当地政府、公安、交警、媒体等多方共同协调配合，以"米脂发布""米脂公安"等相关部门官博第一时间发布案件权威信息，第一时间公布真相，避免谣言滋生，缓解公众恐慌情绪。案发后当地全力救治伤者，由于AB型血库存告急，"陕西发布"微博发布求助信息，呼吁爱心人士前往支援；在部分伤者转移至绥德救治的情况下，"榆林交警""绥德交警"等部门通过官博呼吁司机让开生命通道。与此同时，"公安部打四黑除四害"借助其影响力发声呼吁公众不传谣、不传播血腥图片，在"微博管理员"等共同扩散下，该微博覆盖人次超过3.5亿。

微博传递出的正能量也引发了舆论较高的认同。知政观察团成员、政务新媒体学院讲师"松平春饼"表示"微博广泛公开的传播机制，让空间的距离都被压缩，同时对信息具有增益作用。因此，微博展现的恶无处藏身，微博展现的善又足以鼓舞世人"。头条文章作者"民警刘小川"认为"突发事件中各部门的官微各司其职，形成了矩阵效应，矩阵不应该单纯的接力转发，这次突发事件的应

[①] 乔纳森·海特.正义之心：为什么人们总是坚持"我对你错"[M].杭州：浙江人民出版社，2014：140-162.

对给了所有政务微博一个指向";知政观察团成员"黄埔一投"称"突发死伤多人的恶性刑事砍人案件,引发群众恐慌,急需权威通报,获取案件信息,政务微博组合通报,消除民众恐慌,后续矩阵各级通报交警的绿色救援通道及献血通报也尤显政务微博的快速传播及权威功能"。

在灾难、悲剧和舆论压力面前,当地有关部门始终以人为本,有效利用政务官博"组合拳",从而爆发出强大的正能量,最终使得事件舆论在24小时内平息。

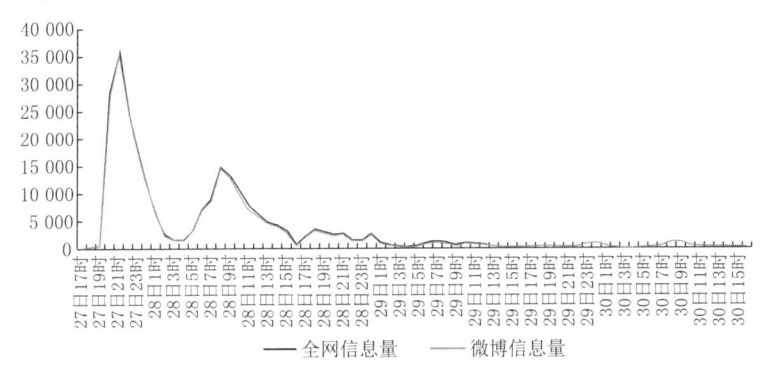

资料来源:新浪舆情通。

图 5-11 米脂中学学生遇袭事件信息量走势图

【案例:《致居留在张家界游客朋友的一封信》被赞有温度】 2021年7月30日,张家界发布《致居留在张家界游客朋友的一封信》。这封公开信引起了强烈反响,当晚即被各大网站转发"刷屏"。游客、网民感动于这封信字里行间透露出的温情,纷纷留言点赞:"张家界有温度。""一座有温度的城市!一纸有担当的言语""'国际张'大格局!我欠你一张门票"等。还有媒体将这封信冠以"教科书级的通告""范文"的美誉。《湖南日报》评论称,此信通篇以"您"相称，动之以情，晓之以理，设身处地，周到详细，不打官腔，不讲套话，娓娓道来，循循善诱。2023 年，《致居留在张家界游客朋友的一封信》获评国际传播"对外传播优秀案例"，被收录在由外文出版社、朝华出版社出版的《对外传播优秀案例研究（2020—2021）》中。

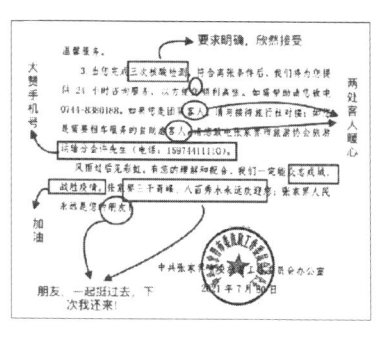

资料来源：网络公开资料。

图 5-12 《致居留在张家界游客朋友的一封信》被赞温情又理性

三、控制情绪

在舆论危机事件中，当涉事主体与公众认知不同时，涉事主体的工作人员有时会将个人的情绪化表达通过工作渠道传递出去，从而导致舆论危机进一步恶化。例如 S 省辱母杀人案中的某公安官方微博的"毛驴怼大巴"事件，再例如 L 市教师维权上访事件中"L 市发布"在评论区与网民互怼事件，都是工作人员没有区分开工作与个人情绪，主管部门没有做好人员培训与管理所导致的。

四、找准矛盾

在面对舆论危机时，很多管理者往往容易产生误解，认为舆情是宣传部门、网信部门、公关部门的工作，认为危机就是因为舆情处置不当引发的，甚至至今仍有一些管理者认为互联网是一切"麻烦"的开端，但这种认知显然是错误的。从我们对大量典型案例的观察来看，绝大多数的舆论危机事件并非由网上处置产生的，而是由线下工作失误或言行不当引发的。认识到舆论危机从哪里来，对于找准矛盾点、从根本上化解危机有着重要作用。

虽然我们一再强调舆情监测、及时发现、及时回应公众疑虑的重要性，但并不意味着仅靠舆情监测和回应就能解决一切问题。我们发现在一些经典案例中，涉事主体往往存在三个认知误区。

一是重"舆情"，轻整改。有的涉事主体在舆论危机发生后的工作整改中，将"加强舆情监测工作"放在首要位置，却将改进工作方式和工作作风放在了末位。

二是重"回应"，轻解决。有的涉事主体在发现社交媒体平台上有公众举报后，忙于研究如何写回应通报，却压根没想到要先找投诉者解决实际问题。

三是重"喊话"，轻沟通。我们经常可以看到这样的案例：在一起舆论危机事件发生后，相关部门在接受媒体采访或在自媒体平台上发声时称已与投诉者达成了解决共识；但没多久投诉者也发声，称从来没有相关部门的人找过自己或并没有与相关部门达成共识。更有甚者，有的部门直接利用公共平台做出回应，但在回应前却根本没有与投诉者进行直接沟通。

这些认知上的误区，会导致危机不能从根本上得以解决。舆情监测和及时处置回应的工作的确很重要，做好这些工作，能帮助我们尽快化解当下面临的舆论危机。但是，解决导致舆论危机产生的实际问题，才是避免今后再度身陷危机的根本办法。

【案例：老人交医保用现金被拒事件】 2020年11月，有网民发视频爆料H省Z县一名老人独自冒雨交医保，因使用现金而被拒，引发舆论关注。视频中显示，工作人员告诉老人"不收现金，要么告诉亲戚，要么你自己在手机上支付"，而老人在视频中的无奈无辜表情令网民感到"痛心"。第二日，Z县M镇人民政府发布情况通报，"近日，网民关注到一位老人独自交医保的视频。事情发生后，Z县相关部门工作人员上门为老人办理了居民医保。我们将坚持以人民为中心的服务理念，规范工作流程。相关调查正在进行中"。

针对舆论质疑，相关部门的回应还是比较及时的，但回应却并没有起到平息舆论质疑的效果。相关部门将此事定性为"不够灵活""图简单"，没有直接回应舆论主要关注点，即拒收现金违法、缺乏便民意识、数字鸿沟问题等，有避重就轻的嫌疑。也就是说，涉事单位并没有找准舆论的主要关注点进行回应。

【案例：某景区整顿工作会议引发的次生舆情】 2017年12月29日，著名冬季旅游景点X遭遇了第一轮舆论危机。一篇自媒体文章引发热议，文中提及的"宰客"问题得到当地管理部门的确认。事发半个月后的1月17日，景区所在的H省政府办公厅发布《关于切实加强全省冬季旅游市场综合监管的通知》，要求将同类景区作为整治重点，从严处罚"不合理低价游"、强迫消费、导游欺客甩团、"黑社、黑导、黑车、黑店"等行为；进一步完善"12345市长热线"服务功能，确保游客拨打"一个电话"实现"有诉必应"。

应该说，H省政府关于X景区危机是足够重视的，但在这次舆论危机的处置过程中，却因相关部门的认识问题而引发了次生舆情事件。1月5日，X景区所在地的主管部门召开专项整顿工作会议，会议提出，"……为此我们要将舆情防控工作摆在第一位对待，要认真总结好此次舆情处置的经验教训，第一时间发现问题，第一时间处置到位，防止类似事件再次发生。二要关注价格和服务两个焦点问题……"这一认识上的巨大误区被主流媒体报道后，再度引发舆论声讨。有的网民在评论中写道："不去提升质量，整顿宰客、欺客，改善经营环境，却来想着舆情控制。可笑、可悲。""舆情防控是第一位？真是见识了。整顿问题，客户服务第几位？看来X景区真的是没希望。"在这起事件中，相关部门显然没有找准矛盾，也对舆论传播缺少基本的认识。

资料来源：网络公开资料。

图5-14　X景区整顿工作会议引发的次生舆情

【案例：某品牌酱油双标事件】 某品牌酱油风波始于2022年9月份，当时"海克斯科技""科技与狠活"等话题引发网友对食品添加剂制作各类食品的关注与热议。很快这场大讨论牵扯出了"酱油一哥"某品牌酱油，多个短视频账号爆料称，其酱油产品是"海克斯科技食品"，国外售卖的酱油配料表上没有添加剂，只有水、大豆、小麦、食盐等天然原料，而在中国售卖的除了天然原料之外还有较多添加剂，因此质疑涉事企业在执行"双标"。

针对"双标"的质疑，该酱油品牌分别在9月30日、10月4日和10月9日进行了三次回应。首次回应中，该品牌称所有产品中食品添加剂的使用及其标识均符合我国相关标准法规要求，并未正面回应国内外配料表是否存在双标。此举没有平息质疑，又有网友提出涉事企业参与起草酱油行业现行标准，属于既当运动员又当裁判员，舆论进一步发酵。在第二次回应中，该品牌称"各国对食品添加剂均有明确的法规标准，这些标准本身并没有高低之分、优劣之别"。这次回应虽然对"双标"问题做出了解释，但未审视自身品牌存在的问题。在第三次声明中，该品牌才明确指出"在国内国际市场均销售含食品添加剂及不含食品添加剂产品"，切中"双标"的要害。

"半岛网"评论认为，面对舆论的质疑，涉事酱油企业虽然迅速回应，却选择了"正面硬刚"，态度强硬，非但没有将食品添加剂标识一事说清楚，反而避重就轻，消费者显然并不买账。第三次回应虽切中了"双标"的要害，但仍有网友表示，"你选择发声明，我选择不买""合不合法是你的事，买不买是我的事"，可见品牌的负面印象已然生成并影响到消费意愿。

五、有的放矢

"黄金处置时间"原则是舆论危机应对中十分重要的一环,但在执行这一原则时还有两个前提条件必须充分考虑:一是确认事件是否开始引发比较广泛的关注,二是对如何处置和回应做出客观判断。这就要求涉事主体能在较短的时间里迅速对事件风险性及来龙去脉进行较充分的评估。

我们建议,所有的负面舆情事件都应该尽快进行处置,但并非所有的负面事件、负面言论都需要面向公众做出大范围正面回应;而在多数情况下,我们面向公众做出回应前,必须要对当前的舆论状况有客观的认识,不能盲目回应。我们回顾一些案例,有的是自身影响力很大的涉事主体被造谣,在谣言覆盖面很小时通过认证账号发声辟谣,结果反倒引发大范围的关注和讨论,引火烧身;还有一些案例是在没搞清事情原委的情况下就贸然做定性式回应,结果很快被反转。

【案例:某外卖平台推出"再等5分钟"功能引热议】 2020年9月8日,一篇名为《外卖骑手,困在系统里》的文章刷屏网络,再次将外卖员安全问题推上舆论风口。文章指出,外卖平台用算法压榨骑手,骑手们每天都在违反交规、与死神赛跑,外卖员成了高危职业。9月9日凌晨,A平台官博发布《你愿意多给我5分钟吗?》,表示"会尽快发布新功能:在结算付款的时候增加一个'我愿意多等5分钟/10分钟'的小按钮。如果你不是很着急,可以点一下,多给骑手一点点时间"。回应一出,立刻引发网民热议。不少网民表示"我愿意""安全还是第一""天太热或太冷很需要"。也有很多网民表达不同意见,认为A平台此举比起解决问题,更像是

"道德绑架"，既然知道出事故的极大一部分原因是赶时间，就应该"优化系统"，而不是"要求用户"。

A平台在此显然是"没读懂危机就匆忙回应"。刷屏文章探讨的核心问题是，到底谁是让外卖骑手变成高危职业的罪魁祸首？答案无非只有两个：消费者或外卖平台，文章最后给出的答案也很明确，是外卖平台的算法文化。但A平台却将此理解成了消费者，读错了危机，导致引火烧身。

我们在上一章讲过，在通过日常监测发现问题后，应在第一时间利用新媒体大数据分析工具去快速进行风险评估，判断出事件何时发生、因谁而起、何人主导舆论、有无幕后推手，在哪个平台起源、又在哪个平台引爆，舆论场上的主要关注点和态度是什么，媒体、意见领袖、普通网民的观点各自集中在哪几个方面，等等。针对这些实际情况再快速制定应对策略，则事半功倍。

在这次危机事件中，B平台的做法则比A平台周全很多。在文章刷屏后，B平台先是选择了"缓字诀"，在接受媒体采访时表示暂不回应。其后，在A平台公关失败之后，B平台终于做出回应，开篇即抛出观点"系统的问题，终究需要系统背后的人来解决，我们责无旁贷"，主动承担了责任；B平台接着又提出解决方案，表示会在恶劣天气下为骑手提供了更人性化的配送方案，并在应对最耗时的"最后一公里"时拿出了智能取餐柜的计划，更重要的，会由B平台平台方给骑手提供"8分钟弹性时间"。声明中还称，B平台外卖将继续加大投入，为骑手家庭及子女提供医疗、教育帮扶，会通过定期召开骑手座谈会、设立产品体验官等方式听取各方建设性意见，以更好优化调度、导航、申诉等策略。

不论B平台解决方案的好坏，起码没有把责任推卸到消费者的身上，又在 A 平台"神奇操作"之后，自然获得了更好的舆论反响。

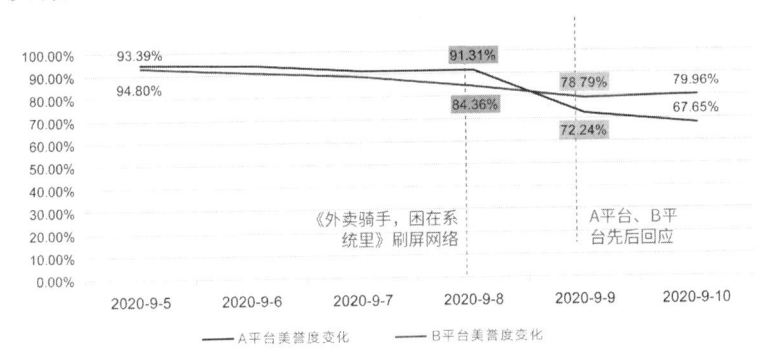

```
100.00%    93.39%                    91.31%
 90.00%                                           78.79%      79.96%
 80.00%    94.80%
 70.00%                               84.36%                  67.65%
 60.00%                                           72.24%
 50.00%
 40.00%
 30.00%                       《外卖骑手，困在系        A平台、B平
 20.00%                       统里》刷屏网络          台先后回应
 10.00%
  0.00%
         2020-9-5   2020-9-6   2020-9-7   2020-9-8   2020-9-9   2020-9-10
                    ——A平台美誉度变化    ——B平台美誉度变化
```

资料来源：新浪舆情通。

图 5-15　A 平台、B 平台在《外卖骑手，困在系统里》
一文刷屏前后美誉度变化

六、信息公开

舆论危机一旦形成雏形，将在舆论场上迅速扩散。在危机初始阶段，公众对信息的探究需求最为强烈，在这一阶段，如果公众所获取的信息不对称，不能获得完整、权威的信息，就会给谣言和各种猜测留下极大的传播空间。因此，传播界提出了"黄金处置时间"原则，人民网舆情监测室更是基于当下媒体环境特征，提出了"黄金 4 小时"原则，建议政府第一时间发声、第一时间处理问题，做突发事件的"第一定义者"，以此有效地平息舆论危机。

舆论危机中的回应公告，不能简单地看作是调查结果的通报，而应将其定位为对舆论疑问的解答，对公众期望的回应，对民意要求的满足。针对网上碎片化的信息和情绪化的议论，有关部门应披露完整事实，还原真相，引导专业分析和理性认知。

但在实际工作中，我们仍然能看到部分涉事主体希冀通过遮掩事实、控制评论的方式平息危机。究其深层次原因，相关单位不仅在危机管理的防范机制上存在严重的问题，危机发生后也都还在习惯地用"控制思维"考虑问题，竭尽所能地采取欺瞒不报、限制媒体采访、删除相关报道等做法，天真地认为可以把问题大而化小、小而化无，最终却适得其反，既延误了采取正确处置措施与挽回损失的时机，也使相关责任人难逃更严厉的惩罚。

在舆论危机面前，尤其是涉及公共安全的舆论危机面前，放弃控制思维与侥幸心理，积极面对危机的真实情况，采取正确措施，争取减少生命财产损失，同时做好信息公开，引导媒体及时准确报道相关进展，稳定人心、避免恐慌情绪蔓延，是唯一正确的方法。也只有这样，相关责任人才有获得原谅、争取减轻损失的机会。

【案例："11·26"宁波爆炸案】 2017年11月26日上午8时50分左右，宁波江北区突发爆炸，造成人员伤亡。10时27分，"江北公安"发布第一条微博，距离事件发生仅仅97分钟。之后"江北公安""江北发布""宁波公安"累计发布微博25条，持续跟踪事件动态。29日22时，"宁波公安"发布通报称，"'11·26'爆炸事件爆炸原因已认定，爆炸原因为'爆炸物归属者单某父亲及堂姐在销毁爆炸物过程中操作不当引发爆炸'"。在这起案件中，官方响应迅速，跟进及时，措施有力，赢得网民一致点赞。

有网民在评论中表示，这次爆炸事件之所以网上没有大的舆情发酵，也没有大的谣言产生，要归功于宁波警方及时、公开、透明发布案情，并称赞宁波公安此次的舆情处置做得非常出色，"线上线下紧密配合、不温不火、恪尽职守、干净利落、侦破案件、引领舆论，创造了公安舆情处置的经典案例。"

【案例：江西16岁少年遭围殴反杀案】 2021年8月18日，《华商报》发布文章《7人持刀夜闯宾馆1人被反杀，男子认罪认罚赔付死者亲属20万一审被判10年，检察院抗诉量刑畸重轻罪重判》。据报道，2020年5月8日，江西省吉安市安福县16岁少年吴某在当地一家宾馆内遭8人持刀围殴，吴某持刀反击，致一人死亡两人受伤。2021年5月，安福县法院一审判决吴某有期徒刑十年，安福县检察院认为法院判决存在量刑错误，量刑畸重、使用刑罚明显不当，向二审法院提起抗诉。该篇文章迅速引发舆论关注，案件量刑标准成舆论热议焦点，部分网民认为当事人面对8人围殴，其"反击"行为应定性为"正当防卫"，支持检方抗诉，当地法院及法律的公正性受质疑。

2021年8月31日，吉安市中级人民法院对该案进行了不公开开庭审理。9月1日，江西省吉安市中级人民法院通过官方微信发布该案案情通报，根据通报，吴某曾参与包含聚众斗殴、非法拘禁、寻衅滋事等多起违法犯罪活动。在法院发布案情通报后，舆论风向发生改变，当事人吴某因参与多起违法犯罪活动受到舆论谴责，舆论聚焦点也从"正当防卫"变为"呼吁严惩"。法律博主"杨春祥律师"认为吴某在本案中有叫人前往斗殴的情节，且一贯表现称得上是作恶多端，判十年也算是"罚当其罪"。可见，当地法院翔实披露案件细节不仅回应了公众关切，还消除了公众对于量刑的质疑。

【案例：两起"送温暖"事件 公开详细信息回应舆论关切】 2021年2月3日，青岛市城阳区棘洪滩街道微信公众号发布一篇领导春节走访困难户的文章，因配图中走访人家里摆放的几瓶高档酒和茶叶，引发网民质疑。2月5日，针对网络质疑，城阳区纪委监委和区民政局公布了相关调查结果，称当事人不是建档立卡贫困户，不是低保对象，是棘洪滩街道确定的春节送温暖临时走访慰问对象；并在调查结果中详细回应了关于房子、电视、钟表、兰花等细节的质疑。

2021年2月5日，东莞市长安镇上角社区居民委员会微信公众号发布了一则关于"当地干部走访慰问社区困难家庭"的消息，其中该"困难家庭"居住"豪华别墅"引发网民热议。2月6日，东莞市长安镇上角社区居民委员会微信公众号发布情况说明称，该慰问对象并非贫困户，此前推送的消息"表述不当"，并就此次事件造成的负面影响致歉。

就"送温暖"产生的舆论危机，两地通过翔实通报调查情况来回应舆论关切。"中央政法委长安剑"微信公众号发布文章称，"对于种种'疑点'，两地给出的是教科书般的回应：又快又准又全面。快速，反映出对网情民意的在乎；准确，反映出对事件调查的认真；全面，反映出对工作情况的熟悉。精确的数字，满满的细节，让人甚至读出了一种，正是因为没有问题，所以不怕质疑与监督的'硬气'，老百姓喜欢"。

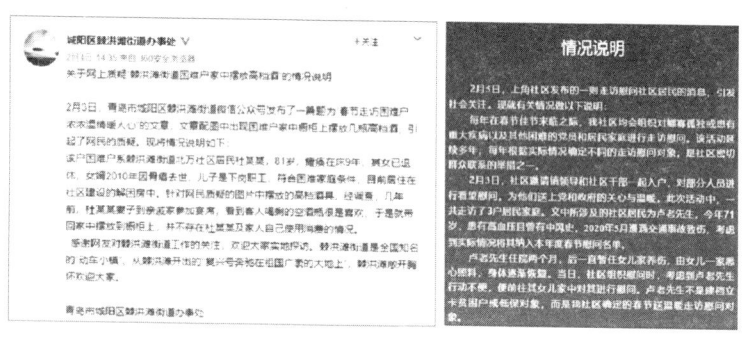

资料来源：网络公开资料。

图 5-16 两起"送温暖"事件 公开详细信息回应舆论关切

【案例：哈尔滨男子烧伤事件　公开案件细节消解公众质疑】2022 年 5 月 10 日，互联网科技博主"月亮湖视频"爆料"哈尔滨道里区一洗车摊男子曹某涛被同行烧伤不治身亡"。同时，当事人曹某涛生前录制视频在网络上传出，称因行业竞争男子被同行"大河子"及其他帮凶浇汽油放火焚烧，请求将凶手绳之以法。5 月 12 日，哈尔滨市公安局道里分局微信公众号"守护道里"通报称，死者因洗车生意矛盾自带汽油和打火机，找同行"大河子"理论，并点燃汽油烧伤自己。当地警方发布相关通报后，有网民对通报结论表示不认可，认为警方通报内容不够详尽，诸多疑点仍未解开，如知名文玩收藏博主"提刀探花在缅北"表示"官方通报称，是自己带汽油往自己身上泼，自己点燃，但是我有个疑问，看到视频中是被绑住手的，这怎么解释呢"。

5 月 15 日，哈尔滨市公安局官方微信公众号"平安哈尔滨"发布调查情况通报，详细介绍事发后哈尔滨市成立调查组进行调查走访过程，披露了曹某涛自带打火机和汽油桶并点燃汽油、曹某涛之妹录制的网传视频内容与事实不符、现场曹某涛未被绳子捆绑、调查过程中未发现涉黑涉恶线索等重要细节。警方的这次通报用详

资料来源：网络公开资料。

图 5-17　哈尔滨男子烧伤事件先后两次情况通报

尽的调查结果和"监控"等有力证据赢得了舆论的认可。"人民网评"认为此次"通报回应了此前舆论关切,尤其对细节的还原颇为用心,整体看,这一还原是有力的,也是有效的,诸多网友的正向反馈就是最好的说明"。由此可见,在面对突发事件时,舆论危机主体的情况通报须拿出关键性的证据和翔实丰富的信息还原事实真相,以此来消除舆论质疑。

七、慎重定调

在速报事实、端正态度的前提下,舆论危机的回应一定要谨慎定调,即对于给事件定性的结论性表述,一定要慎之又慎;一旦公布结论后,再被公众挑出差错、发现与事实不符的地方,则将进一步降低公信力,令舆论危机进一步恶化。如果在初次回应时没有充足的时间进行调查,那么在发布回应公告时可先行表态,表明立场、准备采取的措施等。有时涉事主体的确在回应前已经进行了充分的调查,但在定调时仅给出简单结论、没有回应公众疑问,也会引发质疑。

【案例:某平台天价搬家费事件】 2020年5月4日晚,两名美妆博主发布带有视频的微博,称使用某平台搬家服务,不到2 000米的距离花费5 400元,事件引发热议并登上微博热搜榜。事件曝光后,涉事平台客服在接受媒体采访时表示,"搬运费用没有统一标准,需要与搬运工协商议价。网民的爆料属于炒作行为,如用户觉得不合适可以拒绝支付。"5月6日晚,平台方正式发布声明,承认平台司机在近距离搬运情况下向用户索要高价搬运费,该司机已被平台封号并清退,且终身不可再加入平台。在这篇回应公告中,平台方提到客服在不了解事件过程的情况下,擅自回复事件为"用户炒作"对两位用户造成了二次伤害,该客服言论不代表平台立场,并已在公司内部对该客服予以通报和严惩。

在这一事件中,客服显然未对事件进行充分的调查,急于给出结论,结果导致"反转"。

【案例:"倒霉又嘴笨"的西华县警方】 2017年7月4日,新浪微博网民"白衣天使茉莉花"发布微博称"12岁女孩被两教师强奸",且西华县公安局不予立案;微博同时配有一张照片,照片中一个小女孩在校门前举着"遭性侵"的求助标语。此事涉及未成年儿童,又是"遭遇性侵"的话题,瞬间引起微博用户的高度关注。然而,仅在这篇微博发布后五分钟,当地公安部门的官方微博"平安西华"即迅速做出简短回应,称这条信息是"制造炒作噱头,吸引网民眼球,扰乱公共安全秩序","经公安机关调查其所发信息严重失实"。这则由公安机关迅速发布的回应信息并没有平息舆论,反而激发了网民的强烈质疑。人们认为警方不可能在短短五分钟内就对事件进行调查,"人家仅报案几个小时你们就能查清真相?""请调查并公布真相,用'事实'通报",这些质疑声令西华警方迅速陷入舆论危机中。

事件发酵后,西华警方的上级部门、周口警方发布通告,称介入此案,并成立专案组进行独立调查,这一回应获得网民点赞。然而,颇具戏剧性的是,在周口警方还未公布调查结果之前,新闻媒体先一步将事情经过调查清楚并公布,给西华县警方洗刷了"冤屈"。原来,西华县警方早在6月26日就接到报案,十分重视、立即走访现场、询问证人、调取监控、为女孩做医学鉴定,在经过非常充分的调查、排除一切可能性后,才做出了"不予立案"的结论。而微博上所反映的问题,是女孩的亲属臆测的,女孩迫于亲属的压力撒了谎。

新闻媒体在报道中，详尽介绍了事件的起因、警方和学校的调查过程，列举了各项证据，报道发出后迅速平息了负面舆论。在媒体报道中，西华县警方被调侃为"倒霉又嘴笨"，本是尽职尽责做了工作，却因一则"简单粗暴"的定调式回应而令自己陷入舆论危机中。

八、诚恳认错

舆论危机的诱发因素，往往是涉事主体工作失误、失当，或出现意外情况，也就是说，涉事主体的确做错了事。在这种情况下，最好的处置回应方式，就是坦诚承认错误，承担责任，向利益受损方或公众道歉，并公布整改措施。有些涉事主体担心认错后会被舆论揪住不放，过分强调客观因素、认错态度不够诚恳、有敷衍之嫌，这些都容易引起舆论反感，不利于事态的快速平息。实际上，我们通过很多案例都能看到，诚恳认错往往是获取公众谅解、平息舆论的最有效方法。

【案例：上海交警绊摔抱娃妇女】 2017年9月1日上午，上海市公安局交警在对违停车辆开展日常整治工作时，遭到一名违停女车主的无理纠缠和推搡阻挠。交警在制止其纠缠的过程中，未顾及女子怀中所抱幼儿的安全，将女子摔倒在地，导致幼儿跌落。此事被现场网民录制视频传到网上，迅速强爆发成为热点事件。当时舆论场上争议较大，既有指责警方甚至整个警察群体的，也有为警方辩护、指责女子拿孩子当挡箭牌的，还有持中立立场、认为双方都有过错的。

事件发生后，上海警方反应迅速，3.5小时后就在其官方微博发布了第一条通报，一是简明叙述了事实经过，二是表明已将妇女与孩子送医，三是通报涉事交警已被停职并接受警务督察部门调查，此举有效缓解了网民情绪。再过 4.5 小时后，警方发布了第二条通报公布调查结果，定性民警粗暴执法是错误的，此后，舆论声量迅速回落。这一事件从发生到处置完成，一共用时 8.5 小时，用先表态、后定性的方式，令一强爆发事件经过两轮发酵后，在 12 个小时内迅速得以平息。

资料来源：微热点。

图 5-18　上海民警绊摔抱娃妇女事件网络传播热度指数走势图

【**案例：N 品牌回应食安问题被指敷衍狡辩**】 2021 年 8 月 2 日晚，新华社曝光连锁茶饮品牌 N 某门店食品卫生和安全问题，引发广泛关注。对此，N 品牌接连进行了两次回应。对于被曝光蟑螂乱爬的情况，N 品牌并未正面回复门店中是否有蟑螂以及蟑螂问题是否严重，而是称每月会聘请专业消杀公司对门店进行 2～4 次消杀。而针对使用发黑芒果的揭露，N 品牌则声称，在曝光视频中并未看到与使用发黑芒果相关的内容。N 品牌创始人在回复中国食品安全网时，更是直接表示，"我们在视频中没有看到具体情况"，坚决否认使用发黑芒果。而对于生产时间标签打成前一天的情形，品牌方则回应："门店伙伴的失误打错了时间"。中金在线发文认为，品牌方两次回复并未有人买账，缺乏歉意和整改诚意的内容反而透露出一股与新华社"狡辩"的味道。还有网民在评论区表示该品牌毫无诚意，指出其"全程都在撇清关系以及说自己多么负责"、"没拍到的就死不承认"、没有一点诚意和认错态度。

此外，8月3日晚，该品牌发布微博称，已对全国603家门店启动了全面自查，自检平均分为：90.37%。这一自检结果，随后便被杭州市拱墅区市场监管局、深圳市市场监管局"打脸"。据浙江电视台经济生活频道报道，杭州市拱墅区市场监管局对辖区内其门店进行检查，过程中发现其门店的货架上有三包火龙果粉，并未按要求的储藏条件0～10度进行冷藏保存，而是室温保存，提高了产品保质期缩短的风险。8月4日，深圳市市场监管局突击检查该品牌盐田区大梅沙店，也发现了存在半成品标签标识不规范、水池标识缺失、专间传递窗未及时关闭等一系列问题。

九、逻辑严谨

在新媒体环境下，信息传播的去中心化、去权威化导致信息的真实性极易受到挑战，无论是政府部门也好，还是新闻媒体也好，所发布的内容不再能因为自身的权威地位而天然受到公众信任。权威部门所发布的内容但凡有前后"对不上茬儿"的地方，或与公众认知有较大出入时，都会受到公众的质疑，从而降低公众的信任感，不利于舆论引导。因此，对外发布的任何信息，都须经过严格的审核、反复推敲，避免出现漏洞。

这种容易出现漏洞的点很多，例如公告中各项数字是否能对应上、与之前发布的信息中的数字能否对应上、与其他政府部门发布的数字是否能对应上；例如对事实的描述是否清晰完整，对公众质疑点是否给出明确的解释；例如调查结论的推论是否严谨、是否符合常理等。在重大自然灾害、重大事故发生后，由于情况复杂、信息不易统计、多部门同时作战等情况，往往在信息公布时更容易出现漏洞。在这类重大危机事件的处置工作中，除了发布的公告、通报中要注意逻辑的严谨性外，还需注意各方、各级政策措施与实际工作的一致性。

此外，在实际操作中，除重大事件发生后要举行新闻发布会外，我们建议其他较普通的事件尽量通过自媒体平台发布、慎重举办新闻发布会。之所以如此建议，主要是考虑新闻发布会受人为影响较多，无论是发布者的衣着表情，还是回答记者提问时的言语表述，都容易出现意外情况。而通过自媒体平台发布的文字内容，则有较充分的时间进行反复推敲，能够尽可能避免漏洞出现。

【案例：泸县学生坠亡案】 2017年4月1日，四川泸县太伏中学一学生在住宿楼外死亡。家属接到学校通知赶到现场，发现孩子背部、头部、胸部多处紫红淤血，疑生前遭殴打所致。同时，网络上开始流传"五名学生打死同学，其中一人已自杀""全身被打得淤青死血，手脚被打断"等谣言。4月2日晚8点，"平安泸州"官方微博发布通报称，"经公安机关现场勘验、尸表检验和调查走访，学生赵某损伤符合高坠伤特征，现有证据排除他人加害死亡，具体死亡原因需依法按程序待家属同意后尸体检验确认。县教育局已牵头对学校常规管理情况开展调查。"此公告发布后，舆论走势持续上升，一直到4月6日达到顶峰。4月7日，"四川公安"发布通报，泸州市委市政府召开媒体见面会,通报了事件详细调查情况,认定"损伤均为高坠伤","无其他暴力加害形成的损伤;无死后伤。"随后,该事件全网信息量开始呈现迅速下降走势。

在这一事件中,有两条官方通告引发热议,也被视为事件发展的两个关键拐点。

一条是2日发布的公告,因未经尸检即得出结论、未回应坊间舆论质疑,被媒体和公众认为"不负责任",回应不当,导致事态恶化,舆论危机升级,形成第一个拐点。

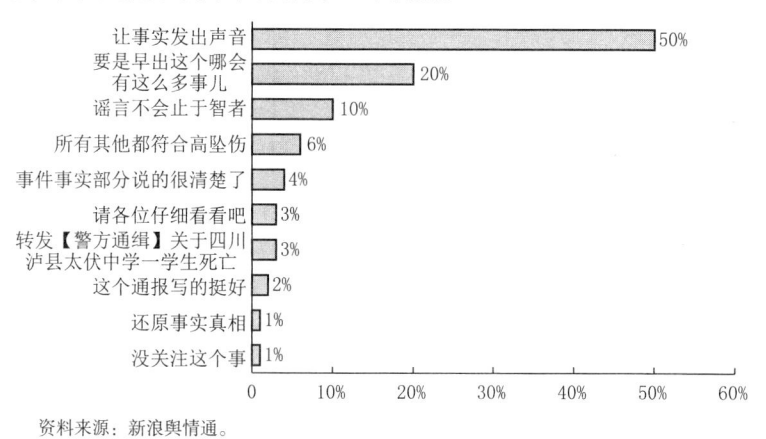

观点	比例
让事实发出声音	50%
要是早出这个哪会有这么多事儿	20%
谣言不会止于智者	10%
所有其他都符合高坠伤	6%
事件事实部分说的很清楚了	4%
请各位仔细看看吧	3%
转发【警方通缉】关于四川泸县太伏中学一学生死亡	3%
这个通报写的挺好	2%
还原事实真相	1%
没关注这个事	1%

资料来源:新浪舆情通。

图5-19 泸县学生坠亡案"四川公安"发布通告后网民观点分析

而"四川公安"官方微博在7日发布的通告,用图文详细地介绍了接处警的基本情况、警方调查情况、现场勘验情况、尸检有关情况、调查走访情况等,还原事发情况,回应社会关切疑点,最后还附了辟谣的内容,被大量网民点赞,成为事件的第二个拐点,也是让事件得以平息的关键拐点。这一通告被媒体称赞"让事实说话,让细节说话,让群众信任"。在"四川公安"这条微博下方的评论中,网民也对通告赞誉有加。

十、通俗易懂

一些危机事件涉及较强的专业性知识，如公共卫生事件中的医学知识、司法事件中的法律知识、金融类事件中的金融知识等。比如新冠肺炎疫情就涉及医学领域的众多专业知识。在面对普通病症时，病人及家属往往并不需要对疾病有足够的了解，按照医生指导进行治疗即可。但在公共卫生安全事件爆发后，由于波及面广、疫情复杂、医护人员有限、患病人数较多、需大众共同防疫以减慢疫情扩散的速度等，需要对公众解释专业性领域的知识。而普通民众往往很难理解和接受这些专业性知识，有时也会因为误读而产生次生舆情，这就需要发布者尽可能用通俗易懂的语言去面向公众进行解读。

即使在非专业性领域里，如政府发布的政策措施公告中，为保证内容的逻辑严谨性，在措辞上往往也容易"打官腔"，高度概括政策措施，令公众无法理解如何具体操作。

我们在前文中谈到危机事件中官方信息公开、透明、及时的重要性，然而不能被大众迅速理解的信息则令这种信息公开的作用大打折扣。因此，确保发布"通俗易懂"的信息，也成为舆论危机应对处置的重要原则。

【案例：昆山反杀案警方通报声明获舆论称赞】 2018年8月27日晚，江苏昆山市一轿车与电动车发生轻微交通事故。双方争执时，轿车车内一名男子刘某某拿出刀，砍向电动车车主于某某。之后长刀不慎落地，电动车车主于某某捡起长刀反过来持刀追赶刘某某，刘某某被砍伤倒在草丛中，后抢救无效死亡，警方将于某某依法刑事拘留。

此事公布后，迅速引爆舆论，全网相关信息量高达202.2万条，微博相关话题总阅读量超12亿次。舆论主要争议点就在电动车车主于某某的行为是属于正当防卫还是故意伤害，法律界专业博主也纷纷加入讨论中。在舆论高度关切面前，昆山检方提前介入调查。

9月1日，昆山市公安局和昆山市人民检察院先后发布通报称，于某某的行为属于正当防卫，不负刑事责任，公安机关依法撤销此案。在这两则通报中，昆山公安的通报详细介绍了涉案人员情况、案件经过、案件定性及理由、网传信息的调查结果。在通报中，尤其对公众最关切的于某某是否属正当防卫的定性进行了详细的法律依据阐释，对刘某某的行为为何属于刑法意义上的"行凶"、为何认定刘某某的不法侵害是一个持续的过程、为何判定于某某的行为是出于正当防卫的目的，都一一给出详细解读。

在这起案件中，因涉及专业法律知识，一旦官方结论不能回应公众疑虑，就容易引发进一步的争议。但昆山公安的通报既严谨地还原事实、注明法律依据，又用通俗易懂的语言给出清晰的事件解

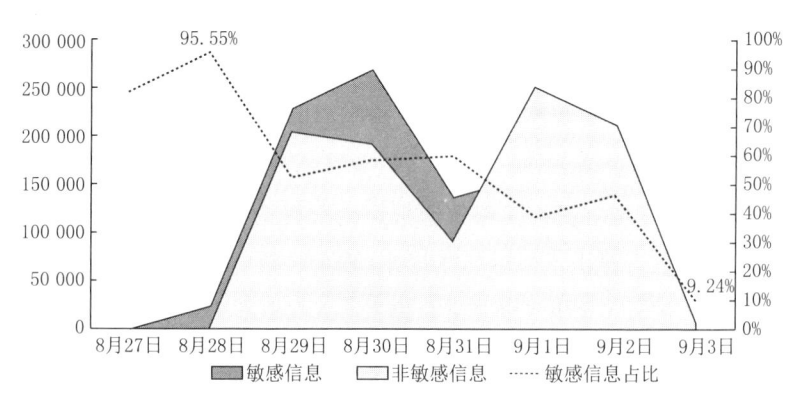

资料来源：新浪舆情通。

图 5-20 昆山反杀案相关信息变化趋势图

释，对于平复负面舆论起到决定性的作用。舆论各方认为警方、检方通报有理有据，内容翔实，为公众呈现了一堂生动的普法课。如中国政法大学教授阮齐林就表示，通报结论是正当防卫"事实清楚，理由充足得体"。

本案还被舆论多方认为是正当防卫"教科书式"案例，司法界办案人员将以此案为标尺，真正地落实《刑法》第二十条的立法原则与条款。同时，还有声音指出这次无罪认定是民众意愿与立法意愿的统一，是民间与公权相互认同的经典案例。最高人民检察院在2019年3月发布的工作报告中，写入了昆山"反杀"案。

【案例："6·20"N市重大交通事故通报被指"看不懂"】 2015年6月20日，N市发生了一起重大的交通事故，车内一男一女当场死亡。网友第一时间在网络曝光了多张"惨不忍睹"的现场图片，随后引发广泛舆论关注。据澎湃新闻报道，案发后，针对肇事司机王某某案发时的异常表现，公安机关和该市Q区法院对其先后做过两次精神鉴定：第一次鉴定结果为"王某某作案时患急性短暂性精神障碍，有限制刑事责任能力"；第二次鉴定结果为"被告人王某某在案发前、案发当时处于精神病状态，评定为限制刑事责任能力"。两次鉴定的结论都是"限制刑事责任能力"，但对肇事司机所患精神病的认定却有不同。2015年9月6日，N市交管部门就此事故通报调查结果，称该事故肇事司机王某某经权威机构鉴定，其在作案时患"急性短暂性精神障碍"，有限制刑事责任能力。由于通报中"急性短暂性精神障碍"一词过于专业，网民评论称"根本看不懂"，质疑"是为了脱罪吗"，加之此前对肇事司机精神鉴定结果不一致，舆论质疑进一步加重。

第六章　建立常态化的舆论危机应对机制

很多人在舆情工作中容易陷入一个误区，认为有"危机"才"应对"，日常不重视舆情工作，未建立从负面信息发现到舆论危机处置的有效工作机制，一旦遭遇危机则容易失控。还有一些基层部门，认为自己很长时间才可能遇到一次"大事"，即使真遇到了舆论危机，按照"7天定律"的说法，事件也会很快过去。因此不重视舆情工作，真遇到问题时难免应对失措，往往采取"鸵鸟式""烂尾式""丑化式"等消极方式进行应对。但事实并非如此。一方面，重大危机事件往往起于青萍之末，并不因事件小、地域偏而能得以幸免；另一方面，一场处置失败的舆论危机事件，往往会给涉事主体声誉带来长期负面的网络集体记忆，一旦再遇导火索，就很容易将其触发。

实际上，最好的舆论危机应对方法就是防患于未然，不让事件演化为危机事件，在日常工作中了解、掌握舆论传播规律，建立日常口碑管理机制，建立完善的危机应对处置机制，在真正发生危机时能妥善应对，尽量减轻对声誉的损害。

一、畅通与公众之间的沟通渠道，积累"信任资产"

公众信任资产的流失往往发生在一夜之间，而这种信任资产的建立却往往需要长久的点滴积累。在日常工作中就注意树立良好的口碑，增加公众的信任度，一旦遭遇舆论危机时，只要没有触碰公众认知的底线，那么公众的容忍度和理解度往往会更具弹性。

政府部门的工作繁复而琐碎，但又往往与普通民众的生产生活息息相关，各类举措易受到民众的舆论检验。其中的执法部门、窗口单位，又因为直接面对人民群众、工作处置结果往往直接关联民众个人利益、承担急难险重的"灭火队"工作，而更易成为舆论焦点。而对企业来讲，因服务链条长、工作环节多，也很容易在各环节中出现各种意外状况。在正常状态下，日常工作中的失误或被误解难以完全避免，但如果能在日常工作中即建立起与公众的有效沟通渠道，接受公众的监督和意见建议，并加以重视、及时解决、及时反馈，将能在先期就化解掉很多问题。

近些年来，政府部门及大中型企业大多利用新媒体平台建立自己的官方账号，而在这种日常的沟通中，不仅可以进行新举措、新产品的宣传介绍，解决或转办网民提出的实际问题，而且可以进行行业的专业知识普及工作，提升公众对自身工作性质、流程的理解和接受程度。在这方面有很多值得学习的正面典型，也有很多引以为戒的负面案例。

【正面案例：中国地震台网】 中国地震台网于2012年5月开通微博账号"中国地震台网速报"，2013年雅安地震后，舆论中存在大量的负面言论，其中就有部分网民反复质问"中国地震台网速报"为什么不能提前准确预测，甚至出言谩骂。在之后的数年里，"中国地震台网速报"坚持不懈地进行地震知识科普工作，摸索出与网民融洽相处之道。2017年九寨沟地震发生后，"中国地震台网速报"发布的一条定级微博在24小时内阅读量即破亿，一周后互动量超100万，创造了当时单条政务微博的纪录，且微博下的评论区负面信息占比仅为0.31%，几乎可以忽略不计。这些创纪录的数据充分体现出网民对于"中国地震台网速报"的认可和支持。然而一连串惊人数据的背后,并不是简单地一蹴而就,是"中国地震台网速报"经过多年付出和努力换来的不易结果。"震长"及其团队感慨道:"通过这些年在新媒体平台上的耕耘,让许多网民对地震知识有了很多的了解,对地震工作也有了更多的支持"。

【负面案例:北京某科技公司】 2017年2月23日,《就算老公一毛钱股份都没有拿到,在我心里,他仍然是最牛逼的创业者》一文刷屏。作者称其丈夫是某游戏创业公司的第二名员工,以联合创始人身份自居,但七年来从来没有谈过股份等事,在公司即将上市时与创始人股权谈判失败,最终面对净身出户被迫求职的尴尬处境。网民很快"扒"出文中主人公是某科技公司三位董事之一(非股东)韩某某。事件被炒热后,该公司迟迟未予回应;直至第三天中午,公司CEO才在个人知乎账号上回应了这件事,但此回应对舆论走向几乎没有任何影响。据自媒体作者"万能的大叔"分析,涉事企业之所以迟迟未做出回应、错过最佳回应时期,是因为"无阵地":其官方微博只有5个粉丝,发过1条微博;其官方微信只有零星的招聘信息;公司CEO也没有任何认证的社交媒体账号;在微博上,公司开发的几款手机游戏的官方账号"粉丝"最多1万。对此,"万能的大叔"表示,"为什么企业的新媒体矩阵要坚持做,因为这是你唯一自己拥有的媒体阵地"。

建立自媒体矩阵,通过持之以恒的日常运营来保持形象、提升影响力,与公众之间建立通畅的沟通渠道,显然是当下最有效的日常口碑塑造方法。但是,正如第三章中我们曾提到的,自媒体运营得当,是政府部门和企业的一大助力;而一旦运营失当,则会成为潜在隐患。为避免这类问题出现,可从两个方面加以防范。

1. 安全运营

自媒体账号出现重大失误往往体现在两个方面:一是内容安全

出问题，大到出现政治性、政策性表述错误，常识性表述错误，小到错别字频出，都容易对自身产生负面影响；二是身份错位，如编辑在官方账号上传递个人情绪、喜好，或编辑误将准备在个人账号上发布的内容在官方账号上发布，等等。这类问题可以通过建立健全新媒体运营制度、严格执行内容审查制度，利用智能校对、自媒体运营工具落实执行等得以规避。

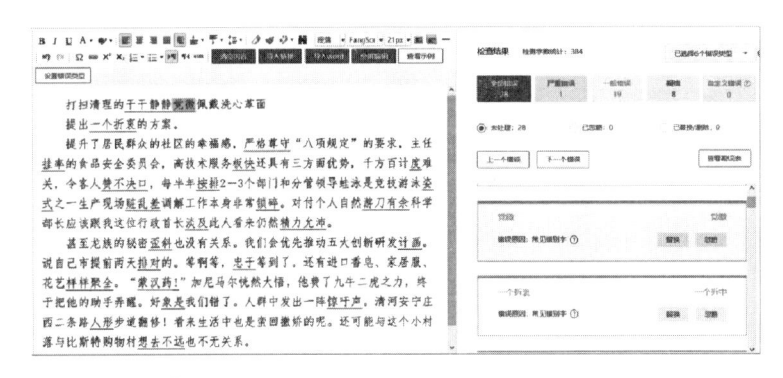

资料来源：铀媒。

图 6-1　智能文本校对工具

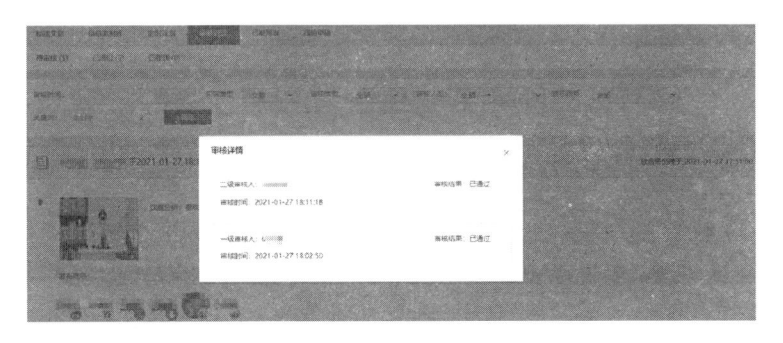

资料来源：铀媒。

图 6-2　自媒体运营内容分级审核工具

2. 有效运营

虽然自媒体得到越来越多政府部门和企业的重视，但在实际运营中，往往因不会运营、考核指标设置不当、不了解用户需求等问题，导致账号"虚假繁荣"，起不到成为"传播阵地"的作用，反而成为政府部门或企业的负担。实际上，利用有效的自媒体运营工具，可以帮助政府部门和企业了解分析网民或用户诉求，考核账号实际运营情况，调整运营思路和角度，帮助账号运营达到真正的目的。

资料来源：铀媒。

图 6-3 自媒体账号运营管理工具

二、树立良好友善的公众形象，评估日常口碑

我们在日常工作中发现，企业往往最重视自身形象和口碑。我们经常应邀利用新媒体大数据对企业品牌进行综合性的客观评估，通过大数据分析帮其找出舆论危机频出的原因和传播规律；我们帮助新闻媒体做过其自身品牌的评估，近年来，有越来越多的政府部门也开始提出这类需求。

对于日常口碑的评估，通常可以从公众主要关注点、主要投诉点、整体情绪分布及变化、整体形象描述、正负面高频词等多角度进行整体分析；也可以就各类舆论危机事件的类型分布、传播特征、应对处置分析等进行重点分析；还可以就正面宣传、主题宣传进行效果评估，了解内部和外部的不同评价等。

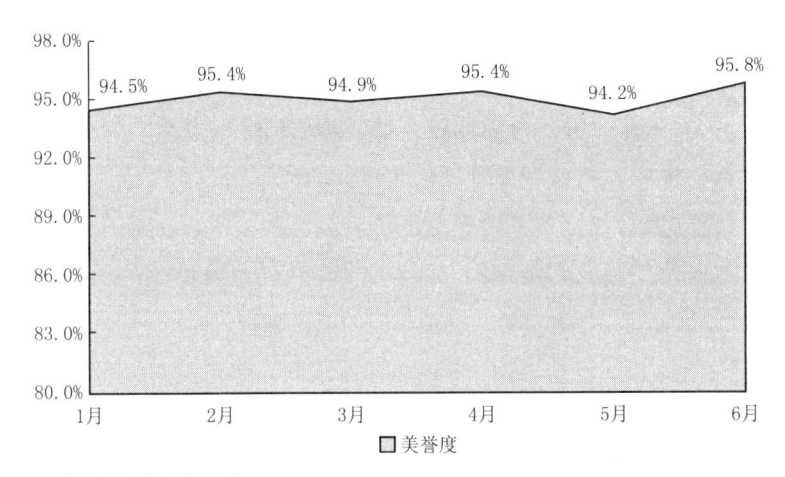

```
98.0% 
            95.4%              95.4%              95.8%
95.0%  94.5%        94.9%              94.2%
92.0%
89.0%
86.0%
83.0%
80.0%
       1月    2月    3月    4月    5月    6月
                      □美誉度
```

资料来源：新浪舆情通。

图 6-4　某城市形象美誉度走势图

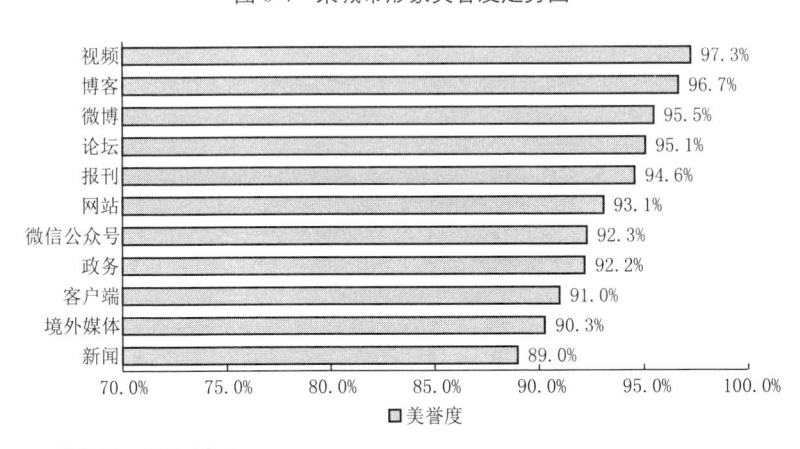

```
视频         97.3%
博客         96.7%
微博         95.5%
论坛         95.1%
报刊         94.6%
网站         93.1%
微信公众号   92.3%
政务         92.2%
客户端       91.0%
境外媒体     90.3%
新闻         89.0%
    70.0% 75.0% 80.0% 85.0% 90.0% 95.0% 100.0%
                   □美誉度
```

资料来源：新浪舆情通。

图 6-5　某城市分平台美誉度分布图

日常形象和口碑的评估，既可以通过监测分析系统进行日常监测，随时了解口碑变化情况，快速捕捉到异常变动，又可以通过大数据智库分析报告的形式进行周期性整体评估。

三、借助语言智能技术从事后应对转变为事前防范

我们在前面曾一再强调过，最好的危机应对方式，就是不让"危机"形成。站在声誉管理的角度，政府部门也好、企业也罢，都应建立大管理视角下的舆论危机应对机制。即，政府的职能部门、企业的产品和服务部门，都参与到危机的预防和管理中，而不是将危机管理仅视为宣传、公关部门的工作职责。

举例来说，社会治理中存在的很多问题，都是人们通常认知中的"小事件"。比如某路段路灯不亮了，某路段一下雨就积水了，某个火车站附近拥堵严重了，这些问题细碎又分散，通常不会在短时期内成为舆论危机事件。但从另一个角度看，这类问题却往往不是孤立的偶发事件，而是经常被投诉的社会治理堵点、难点，一旦被主流媒体报道、被在社交媒体上曝光，主管部门的工作作风和管理能力则将受到公众质疑、演化为舆论危机事件。如能站在大管理视角下，对这些"小问题"能及时发现、及时解决，并将其分类、分部门、分地域地加以总体关注和研判，对于社会治理中的舆论危机前置化防范，将具有重要意义。

社会治理是一项极为复杂的"超级工程"。近年来，云计算、语言智能等新技术快速普及，为社会治理的智能化提供了有力支撑，提高了从问题发现到应急响应的速度，提升了社会治理的效率。尤其是由新媒体大数据、12345投诉热线数据等构成的"人感数据"的应用，更加有利于建设人人有责、人人尽责、人人享有的

社会治理共同体。一个完善的智慧社会治理体系应该具备感知民情民意、感知情绪脉搏、感知市民需求、感知潜在风险的能力，以实现治理主体间的双向触达，实现治理风险的超时空预判。

四、提前建立危机管理和处理机制

回顾众多舆论危机事件我们可以发现，很多事件都非常相似：同样的涉事主体、同样的原发因素、同样的舆论反应……然而，在A地发生的舆论危机，没多久在B地会再上演一次；在去年经历过的舆论危机，今年又会再度重现；同样类型的事件，一个企业在处置时马失前蹄，隔段时间后另一个企业还会再次踩在同样的"坑"里。

而舆论危机一旦发生后，涉事主体很容易陷入慌乱中，在危机初期以及对很少遭遇舆论危机的基层组织来说更是如此。这种慌乱的应对中，很容易产生推诿责任、口径不一等问题，令危机进一步恶化。

为什么我们在处置负面舆情事件时总会犯同样的错误呢？究其原因，一是很多基层部门和中小企业对舆情工作的认知仍不到位；二是平时不关注热点事件，没有从其他案例中吸取经验教训；三是平时没有建立应急处置制度，没有进行过危机演练，导致真正遇到事情时慌乱应对。

例如，2020年12月14日早上，X市气温已经降到了零摄氏度以下。然而，市区却仍有洒水车在作业，导致多位骑车经过此处的市民打滑摔倒。有媒体搜索发现，近年来在J省、H省、S省、A省、B市等地，都发生过冬季洒水结冰导致或引发路人摔倒等事故，有的还导致市民受伤、车辆受损，引发了相关诉讼。

试想，假如相关部门日常工作中经常参考社会治理方向的舆论危机案例库，提前准备，将很容易解决矛盾，避开危机。在这类案例库中，我们可以将一起舆论危机事件的产生原因、传播过程、处置应对进行详细的解剖分析，供同类机构参考借鉴。

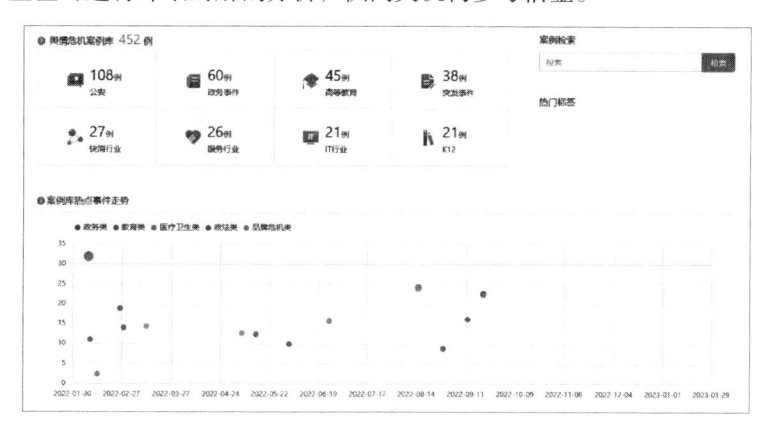

资料来源：新浪舆情通。

图 6-6　新浪舆情通舆论危机案例库模块

为避免或者减轻舆论危机所带来的严重损害，可以提前有组织、有计划地学习、制定和实施一系列管理措施和应对策略。这种舆论危机管理流程中，应包括危机的规避、危机的风险评估、危机的解决、危机过后的声誉修复。在日常工作中，除通过对各类舆论危机事件进行参考借鉴外，还可在机构或企业内部进行危机应对演练。这类危机应对练习可将案例库中的经典案例作为基础，采用分组对抗的方式，通过不同角色扮演进行实战演练，以磨合出较为优化的、适用于本部门或本企业的危机处置流程。

五、舆情信息报送和舆情报告

在舆情工作中，信息监测、报送和舆情报告撰写是必须掌握的工作方法。其中，信息监测主要依托于舆情监测系统来进行（如新浪舆情通 https://www.yqt365.com），而信息报送和报告撰写工作，则是在监测系统的分析结果上进行编辑加工处理形成。信息报送和舆情报告是决策者处置负面舆情事件、舆论危机事件的重要依据。

1. 舆情信息报送的基本要求

舆情信息报送工作必须注重时效性、准确性、客观性、连续性、重要性，不能迟报、漏报、错报、瞒报。

（1）时效性

在前文中，我们一再强调舆情信息及早发现、及早处置的重要性。对任何舆情信息来讲，时效性都需要排在第一位，这也是政府部门或企业在做舆情工作时的首要需求。只有在第一时间发现信息、报送给相关部门，才有可能在第一时间得以处置，争取在事态扩大之前将问题解决掉。

（2）准确性

一起舆情事件的构成要素众多，任何一个要素的变化，都有可能改变事件的进程，相应地，涉事单位的处置方式也将不同。因此，为决策者提供精准的事实，是舆情信息报送的一个关键环节。事件发生的时间、地点、起源、进程、关注者构成、舆论观点等都需要进行核实，提高信息的精准度。

（3）客观性

网络舆论的复杂性，导致我们往往不能在第一时间掌握全部真相，甚至经常会受到错误信息的误导。同时，囿于信息报送者自身认知、立场、观点等方面的局限性，报送的内容也会受到一定程度的影响。因此，在报送工作中应尽量站在客观角度看待事物，对事件进行客观描述，综合反映各方观点，避免误导决策者。

(4)连续性

对于已形成舆论危机的事件或存在较大危机隐患的非热点事件，应持续关注。对于事件的新动向、新态势、新问题、新变化，要及时跟踪整理报送，以便于决策者根据最新情况调整应对策略。

(5)重要性

对于一些基层政府部门或小企业来说，监测内容较少，基本可实现将全部信息一一列出报送。但对于市级以上的政府部门、大众服务型部门、大中型企业来讲，需要关注的事件量较大。在这些大大小小的事件中，哪些需要重点报送、哪些可常规报送、哪些事件需合并后报送，都需要报送者有一个初步筛选和判断，而不能"一股脑儿"地全扔给决策者。

2. 舆情报告分类

舆情报告通常可分为周期性舆情监测报告、事件类舆情分析报告、热门话题类舆情分析报告、行业舆情发展态势分析报告，以及其他定制类舆情分析报告等。

(1)周期性舆情监测报告

周期性舆情监测报告，以固定时间周期对某一领域或某一地域的网络信息进行周期性监测并形成报告。从时间周期长短划分，通常可分为舆情监测日报、舆情监测周报、舆情监测月报、舆情监测季报、舆情监测年报。报告所含模块并不固定，需根据报告监测周期、所属领域特征、客户需求等方面对周期性舆情监测报告进行评估设计，形成更具针对性、实用性的舆情监测报告。

【舆情监测日报】

舆情监测日报是以 24 小时为监测周期，对某一领域或某一地域的网络信息进行分析，通常包括：舆情概述、24 小时信息总量及环比变化情况分析、信息走势图及引发信息波动的原因分析、信息来源分布、舆论情绪倾向分析及主要舆情事件分析、舆论聚焦点分析、热点舆情事件列表、主要敏感信息列表、单个热点/典型舆情事件剖析、舆情研判或舆情应对建议等。

应用场景：舆情监测日报具有较高的时效性，可满足政府部门或企业对当下网络信息实时监测的需求。舆情监测日报既可作为日常性的网络信息监测模式，向注重网络信息实时监测的政府部门或企业提供舆情监测及研判，也可针对某段特殊时期，如重大安全事故、公共卫生事件、自然灾害等突发性事件发生时期，以及政府部门或企业陷入舆论危机的时段，以舆情监测日报的形式有针对性地对网络信息进行监测，并使决策者从报告"舆情研判或舆情应对建议"模块中得到警示或启示。

时效性：★★★★★

数据维度：★★★☆☆

分析深度：★★★☆☆

【舆情监测周报】

舆情监测周报是以周为监测周期，对某一领域或某一地域的网络信息进行分析，分析深度通常高于舆情监测日报。通常包括：舆情概述、一周信息总量及环比变化情况分析、信息走势图及引发信息波动的原因分析、信息来源分布、舆论情绪分析及主要舆情事件分析、舆论聚焦点对比分析或舆论观点聚类、热点舆情事件列表、主要敏感信息列表、单个热点/典型舆情事件剖析、舆情研判或舆情应对建议等。

应用场景：舆情监测周报以周为单位对某一领域或某一地域

的网络信息进行回顾，并对当下舆情进行复盘与研判。舆情监测周报可作为政府部门或企业定期舆情监测的选择之一。以周为监测单位，可以将独立舆情事件或当下热点话题的舆论倾向较为完整地呈现，也可以保证对时下舆情较为及时的监测，舆情风险分析、舆情研判、舆情应对措施点评、舆情应对建议等内容也更具针对性和实用性。

时效性：★★★★☆

数据维度：★★★★☆

分析深度：★★★★☆

【舆情监测月报/季报】

舆情监测月报和舆情监测季报分别以月和季度为监测周期，对某一领域或某一地域的网络信息进行分析，统计周期更长、分析深度更深，通常包括舆情概述、月度或季度信息总量及环比变化情况分析、信息量走势图及引发信息波动的原因分析、信息来源分布、舆论情绪分析及主要舆情事件分析、舆论聚焦点分析、用户画像分析、子行业/子类别/单个聚焦点网络传播数据对比或深度剖析、热点舆情事件列表、舆论生态观察与特征梳理、单个热点/典型舆情事件剖析、舆情研判或舆情应对建议等。

应用场景：舆情监测月报或季报适合对某一领域或某一地域的网络信息进行阶段性的监测，使决策者对突发性或措施行为所引发的舆情事件、阶段性网民关注重点与情绪特点、舆论观点倾向与舆情态势、舆情事件应对效度与舆论情绪引导效度等方面有全面性、系统性地掌握，并从报告中"舆情研判或舆情应对建议"模块得到思考或启示，适用于政府部门或企业对自身舆情或所在领域的舆情态势进行整体性复盘与总结。

时效性：★★★★☆

数据维度：★★★★☆

分析深度：★★★★☆

【舆情监测年报】

舆情监测年报是以年为监测周期，对某一领域或某一地域的网络信息进行分析，通常包括：舆情概述、年度信息总量及环比变化情况分析、信息量走势图及引发信息波动的原因分析、信息来源分布、舆论情绪分析及主要舆情事件分析、用户画像分析、子行业/子类别/单个聚焦点网络传播数据对比或深度剖析、热点舆情事件列表、热点舆情事件的特征归纳及网络传播数据梳理、舆论生态观察与特征梳理、单个热点/典型舆情事件剖析、舆情研判或舆情应对建议等。

应用场景：舆情监测年报对全年舆情态势进行整体性呈现，将舆论生态观察与特征梳理作为分析重点，一方面对热点舆情事件的性质类别、舆情主体指向、传播特征、舆论情绪倾向、舆情应对效度等方面进行分析，另一方面总结全年重要舆情风险、多发事件性质及舆论场态势，复盘总结后，对舆情应对给予综合性的应对建议，适合政府部门或企业回顾全年舆情态势，既可作为年度性、总结性报告，又可作为新一年提升完善的依据。

时效性：★★★☆☆

数据维度：★★★★★

分析深度：★★★★★

（2）事件类舆情分析报告

事件类舆情分析报告针对某一社会热点舆情事件进行深度剖析，通常包括舆情概述、舆情事件进程描述、舆情传播特征分析、舆论情绪倾向分析、舆论观点聚类、用户画像分析、舆情研判或舆情应对建议等内容。事件类舆情报告不但对网络信息传播情况进行分析，还通过各项数据和舆论观点倾向呈现涉事主体或相关职能部门的处置应对效度。

应用场景：事件类舆情分析报告，可为涉事主体或相关职能部门提供专业性的舆情剖析与总结，亦可为同类事件的相关主体提供借鉴与思考，提高自身舆情管理的效能、规避舆情应对风险。同时，针对正在发展中的舆情事件，事件类舆情报告也可针对当下舆情现状展开阶段性的舆情剖析，搜集网络信息、追踪舆情发展进程、分析舆情传播特征、把握网民情绪特点、抓住舆情核心、剖析舆情风险、预判舆情发展方向、给予舆情应对建议。此外，同类型或同领域的多篇事件类舆情分析报告可以作为舆情传播特征、舆情应对效度等方面的研究素材，供相关部门或高校研究使用。

时效性：★★★★★

数据维度：★★★★☆

分析深度：★★★★☆

（3）热门话题类舆情分析报告

热门话题类舆情分析报告针对社会热点话题的舆情进行深度剖析，通常涵盖多起典型舆情事件。此类报告通常包括对某一时段下该话题的网络传播数据剖析、舆论聚焦点及单个聚焦点网络传播数据分析、热点/典型舆情事件网络传播数据及舆论倾向对比、单个热点/典型舆情事件剖析、热门话题的舆情风险及舆情缓解建议。

应用场景：舆情类热门话题折射当下社会问题，此类社会问题通常违背社会的主导价值和社会规则，难以彻底解决并屡引关注，具有较高的舆情风险，且最终舆论都将落脚于体制问题或社会治理困境。此类问题的涉及主体或相关政府部门应对相关话题具有较高的警惕性，对话题所形成的舆论场给予较高的关注。热门话题类舆情分析报告可为涉事主体或相关职能部门提供专业性的舆情剖析与总结，亦可为同类舆情事件的涉及主体提供借鉴与思考。同时，针对正在引发热议的热门话题，报告也可针对当下舆情现状展开阶段性的舆情剖析，并给予舆情引导、缓解社会问题的建议。

时效性：★★★☆☆

数据维度：★★★★☆

分析深度：★★★★☆

（4）行业舆情发展态势分析报告

行业舆情发展态势分析报告，通常以月或季度为周期，对某一行业的舆情发展态势进行全面分析。此类报告通常包括舆情概述、行业新规新政剖析、行业网络信息动向分析、子行业/子类别网络传播数据对比或深度剖析、知名企业/主要产品网络传播数据对比或深度剖析、热点舆情事件的特征归纳及网络传播数据梳理、舆论生态观察与特征梳理、单个热点/典型舆情事件剖析、行业前景分析及行业舆情梳理研判。

应用场景：行业舆情发展态势分析报告涵盖行业整体信息，可为所属行业的企业或相关监管部门提供专业性的行业网络关注度及舆情态势分析，帮助企业或相关监管部门了解行业发展、信息动向、舆情态势，并提供行业舆情预警，一方面警示涉事企业或相关监管部门开展线下处置并疏导舆论负面情绪，另一方面警示同类企业规避行业风险或启示相关监管部门加强监管。

时效性：★★★☆☆

数据维度：★★★★★

分析深度：★★★★★

（5）定制类舆情分析报告

定制类舆情分析报告，通常是针对客户特定性的需求量身定制的舆情分析报告，如品牌影响力评估类分析报告、主题宣传效果评估类分析报告、市场营销效果评估类分析报告等，可包括但不限于各类舆情分析报告所包含模块。定制类舆情分析报告基于网络传播数据和专业化分析研判，满足客户特殊性需求，完成更具针对性和实用性的定制类舆情分析报告。

【品牌影响力评估类分析报告】

品牌影响力评估类分析报告是对某品牌网络信息进行分析，通常包括概述、品牌及所属行业发展现状介绍、品牌网络传播数据分析、各产品网络传播数据对比或深度分析、品牌/产品营销效果分析、用户画像分析、品牌/产品与竞品网络传播数据对比、行业前景或发展趋势分析等。因品牌所属领域、主营产品特性等，不同类型的品牌影响力分析报告所包括的数据维度有所不同，因此需要"量身定制"。

应用场景：品牌影响力评估类分析报告适用于企业对品牌影响力的全面把握。同时，通过所属行业发展现状及发展趋势、对比竞品网络传播数据等内容，企业也将对市场、竞品有更深刻的了解。

品牌影响力评估类分析报告既可用来评估品牌口碑、战略运营效果，也可用来调整战略方向，让品牌战略制定有的放矢。

时效性：★★☆☆☆

数据维度：★★★★★

分析深度：★★★★★

【宣传/营销效果评估类分析报告】

宣传/营销效果评估类分析报告针对政府部门或企业宣传/营销事件的网络信息进行分析，重视对效果的深入剖析，通常包括：概述、宣传/营销事件描述、传播特征分析、舆论情绪倾向分析、舆论关注点分析、舆论观点聚类、用户画像分析、同类事件/竞品营销网络传播数据对比、宣传/营销效果点评或建议等。

应用场景：通过宣传/营销效果评估类分析报告，政府部门或企业可对其宣传/营销行为的效果进行评估，了解宣传/营销效果并及时做出策略调整，也可作为下一次宣传/营销的依据。

时效性：★★★★☆

数据维度：★★★★☆

分析深度：★★★★☆

附 舆情领域常见概念汇总

【舆论】 社会中相当数量的人对于一个特定话题所表达的个人观点、态度和信念的集合体。①

【舆情】 是"舆论情况"或"舆论情绪"的简称,是指在一定的社会空间内,围绕中介性社会事件的发生、发展和变化,作为主体的民众对作为客体的社会管理者、企业、个人、其他各类组织及其政治、社会、道德等方面的取向产生和持有的社会态度。②

【意识形态】 是指一种观念的集合,也可以理解为对事物的理解、认知,它是一种对事物的感观思想,是观念、观点、概念、思想、价值观等要素的总和。意识形态是由各种具体的意识形成的政治思想、法律思想、经济思想、社会思想、教育、艺术、伦理、道德、宗教、哲学等构成的有机的思想体系。意识形态具有鲜明的阶级功能,不同的社会集团和阶级由于其利益的差异而有不同的意识形态。③

【舆论引导】 又称舆论导向,是对社会舆论的评价和引导,用舆论对人的主观意向进行引导,进而影响人之后的行为。④

【塔西佗陷阱】 是古罗马历史学家塔西佗提出的理论:当公权

---

① 参见百度百科,"舆论"词条。
② 王来华.舆情问题研究论略[J].天津社会科学,2004,2.
③ 参见百度百科,"意识形态"词条。
④ 参见百度百科,"舆论导向"词条。

力失去公信力时，无论说真话还是说假话、做好事还是做坏事，社会都会给予负面评价。2014年3月，习近平总书记在河南省兰考县委常委扩大会上，提醒全党注意塔西佗陷阱。典型事件：郭美美事件对中国红十字会的声誉影响。

【黑天鹅事件】 16世纪以前，所有人都认为天鹅是白色的，直到在澳大利亚发现第一只黑天鹅，才否定了这种认知。从此，人们便用"黑天鹅"来喻指不可预测的重大稀有事件，现在多用来指发生概率小、较为罕见且难以预测的事件和风险，它们通常会引起连锁负面反应甚至颠覆结果。典型事件：2016年英国脱欧公投和美国总统大选。[①]

【灰犀牛事件】 "灰犀牛"概念最早由美国学者米歇尔·沃克于2013年1月在达沃斯全球论坛上提出。灰犀牛生活在非洲草原，常给人一种体形笨重、行动迟缓的感觉，你远远就能看见，却时常忽略其危险。灰犀牛经触怒发起攻击，向你狂奔而来，这种暴发攻击让人猝不及防，阻止的概率几乎为零，最终引发破坏性巨大灾难。灰犀牛事件是指大概率事件，事发前本来有迹可循、可以被预见，却没被预见或没能引起足够的重视，最终引发严重后果的潜在危机。其警示意义在于，风险并不都来源于偶然灾难，更多来源于显性问题，正因为其看上去体形大、速度慢，风险往往被我们低估、疏于防范，后果严重。[②]

【低级红】 网络流行词，政治词汇，指在低层次的、廉价的形式上的"政治正确"举动，有意或无意把党的信念和政治主张简单化、庸俗化。"低级红"分为两种情况，一种是站在个人立场上，认为自己的言行是"替党说话"，不顾及群众的反应，用无知或极端

---

①② 中璋.效应：舆论传播的100个定律[M].北京：中信出版集团，2020：5，XII.

的态度来表达自己的"正义性"。另一种则是有意识地夸大事实，靠无原则的吹捧来引发人们的反感情绪。例如，黑龙江省某法院在网上发文称，"默然姐姐，28天连续加班，没换过衣服，没洗过头，在执行局干警的心中，她就是女神、女超人"，看似颂扬敬业精神，却是违背人情常理的"低级红"。

【**高级黑**】 最早是网络用语，后在政治领域运用，是指一种居心叵测的刻意的"黑"，在语言上可能更讲究技巧、更华丽幽默，甚至有时披着学术的外衣，伪装性更强；再就是极端化地解读党的理想信念、宗旨、方针政策等，达到"黑"的目的。例如，有人讲作风变化，写出了"副市长吃上了自己掏钱买的月饼"，言下之意就是以前"不用掏腰包"；有人讲纪律严明，宣传了"因洗澡4分钟没接巡视组电话受警告处分"，让人感到抓纪律"缺少人性"。①

【**集体记忆**】 是指在一个群体里或现代社会中人们所共享、传承及一起建构的事或物。在互联网时代，焦点可以转移，但记忆抹不去。互联网自带的集体记忆功能会加速事件发生后相关信息的串联、挖掘和发酵，产生舆论连锁反应。一些舆论危机事件最后处置不彻底、以"烂尾"收场，或强行抹去话题，舆论就很难彻底平息，此时，互联网的集体记忆会等待导火索再次将其触发。例如，上海市一中学教师缪某曾因2015年在医院与医生发生肢体冲突而引起舆论谴责；2016年，上海市人保局网站公示上海市居住证人员名单时出现缪某名字，遭到网民质疑；2018年，上海市公示中小学教师高级专业技术职务任职资格名单中出现缪某名字，再度遭到网民质疑。②

【**次生危机**】 指在舆论危机处置、应对过程中，因时机或方式

---

① 参见百度百科，"高级黑"词条。
② 中璋.效应：舆论传播的100个定律［M］.北京：中信出版集团，2020：5，XII.

不当等，给事态带来新的甚至更大的危机，也就是说，在处理原生危机事件的过程中，衍生出的另一起危机事件。次生危机常见于突发事件或重大舆论危机事件的处置过程中，这类事件涉及面广、参与处置的部门和人员多、情况复杂、舆论关注度高，很容易在其中衍生出次生危机。

【长尾效应】 长尾，是指坐标轴上看似趋近于零，却沿着横坐标无限延伸的曲线（如下图）。这一概念最初由《连线》的总编辑克里斯·安德森提出，用来描述诸如亚马逊公司、Netflix 等互联网公司的商业和经济模式，指那些原来不受到重视的、销量小但种类多的产品或服务，由于总量巨大，累积起来的总收益超过主流产品的现象。在舆情领域，长尾是指"意见长尾"，是指小众的、非主流的、劣势的意见。在舆情工作中，对网民观点的统计是一项十分重要的工作，但我们不能只统计那些多数的、占主导优势的意见，还要客观统计反映那些小众的声音，才能给决策者提供客观的决策依据。

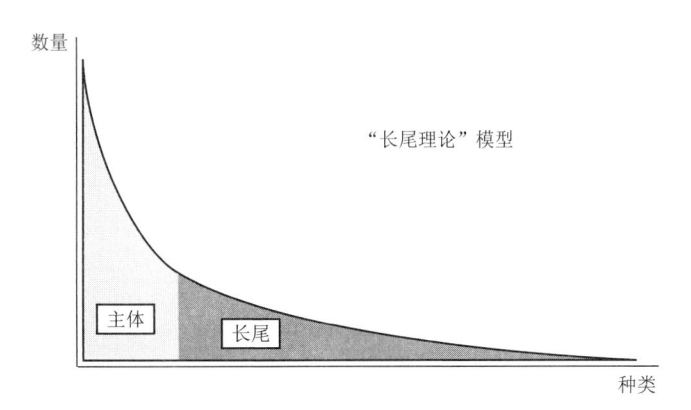

资料来源：网络公开资料。

图附 -1 长尾效应理论模型

【沉默的螺旋】（the Spiral of Silence）是一个政治学和大众传

播理论。理论基本描述了这样一个现象：人们在表达自己想法和观点的时候，如果看到自己赞同的观点受到广泛欢迎，就会积极参与进来，这类观点就会越发大胆地发表和扩散；而发觉某一观点无人或很少有人理会（有时会有群起而攻之的遭遇），即使自己赞同它，也会保持沉默。意见一方的沉默造成另一方意见的增势，如此循环往复，便形成一方的声音越来越强大，另一方越来越沉默下去的螺旋发展过程。理论是基于这样一个假设：大多数个人会力图避免由于单独持有某些态度和信念而产生的孤立。①

【对冲效应】 原是经济金融领域的概念，指同时有两笔相反、数量相当且盈亏互抵的交易。这一概念现在常被用于舆情领域，用来形容舆论场上爆发一个热点事件后，因其后发生的另一个更具震撼力、影响力的新事件而导致前一个事件的关注度下降。对冲效应可能是按照新闻传播规律自然发生的，也可能是因设置议题而人为控制的，通常被视为缓解舆论危机的一个方法。②

【反转效应】 反转，指转向相反的方向。反转效应，是指后期的事实及其舆论与初期的结论呈现相反走向，主流舆论或多数派意见发生变化，舆论最终出现逆转。出现反转的原因，往往是由于事件发生初期，事实不明，信息不完整，误导人们做出错误的结论。而随着媒体进行深入报道、证实，或更多信息被曝出，导致事实和舆论意见出现反转。③

【定性分析】 传播学研究方法之一，指通过逻辑推理、哲学思辨、历史求证、法规判断等思维方式，着重从质的方面分析和研究

---

① 伊丽莎白·诺尔-诺依曼：沉默的螺旋[M].北京：北京大学出版社，2013.
② 中璋.效应：舆论传播的100个定律[M].北京：中信出版集团，2020：5，XII.
③ 中璋.效应：舆论传播的100个定律[M].北京：中信出版集团，2020：5，XII.

某一事物的属性,是传统的人文科学研究方法在传播学领域的具体运用。定性研究采用的是集合论和逻辑学,主要用于研究传播的社会结构和功能、传播的社会控制、传播与社会发展的相互关系等。但是,在对事物进行定性分析时,往往容易受个人价值观的影响。因此,应在定性分析基础上辅以定量分析,以得出更准确、更客观、更科学的结论。①

【**定量分析**】 是识别危险的一种方法,原是分析化学的一个分支,后推广为在明确划分物质种类的前提下,即把物质定性以后,具体分析物质的强度、刚度、范围变化量指标。在"量"的方面分析物质,适于分析危险损失发生的概率、频率和损失程度等量度指标。定量研究往往采用数理统计和概率论的方式,往往比较强调实物的客观性及可观察性,强调现象之间与各变量之间的相互关系和因果联系,同时要求研究者在研究中努力做到客观性和伦理中立。②

---

① 参见百度百科,"定性分析"词条。
② 参见百度百科,"定量分析"词条。

后　记

舆情学是一门复杂性学科，涉及政治学、社会学、经济学、管理学、传播学、计算科学、统计学、心理学、伦理学等多门学科的融汇交叉。有人曾统计称，与舆论传播相关的理论有一百多个，那么，是不是背熟了这一百多个相关理论，就可以成为舆情专家、在舆论危机面前游刃有余了呢？我们认为这是远远不够的。

一起舆论危机事件的发生、演化、处置和结果，受到很多细节因素的影响：事发地点、涉事主体、回应时间点，都会对事件的爆发力度产生影响。而某个关键传播者的缺位或介入、回应公告里一个措辞的改变、一个事发细节是否被披露都可能会影响到发酵期舆论的走向。这种复杂性导致舆论危机的处置没有那么多的"标准答案"可用，处置策略必须因时、因人、因事而异。

我们在多年的工作中发现，很多涉事主体喜欢找"舆情专家"求助，希望能得到有效的建议，帮助自己尽快走出舆论困境。要知道，能找到专家协助解决问题，给出专业性的应对策略和建议固然重要，但切勿因此而完全依赖专家。我们常讲，最好的"舆情专家"就是涉事主体自己，因为只有涉事主体才能真正掌握危机事件的全部细节和真相。在掌握细节和真相的基础上，如果能在日常工作中就储备了一定的相关知识并加以灵活运用、学会使用有效的新媒体大数据分析工具进行风险研判和处置效果研判、日常即建立起良好的舆论危机应对流程，那么完全可以在面临危机时有较好的应对表现。这一点对于很难找到真正"专家"的基层政府部门或中小企业来讲，尤为重要。

舆情学虽然复杂，但却是一门大众学科，几乎各行各业都能应用到，舆情素养正在成为每个人，尤其是管理者和决策者的基本能力之一。目前市场上有很多关于舆情学的专著或教材，但多数偏专业化、学术化，更适合于在舆情领域有一定经验的工作者学习。而我们编撰的这本"小册子"则更为基础，结合实际工作经验梳理了最基本的舆情学知识，同时配合了大量的案例分析，比较适合刚入门的初学者。本书中只讲述了舆情基本素养方面的知识，而舆情工作的实际操作部分，如有需要我们将另行整理撰写。

本书中所应用的各类分析数据、图表，均来自新浪舆情通、铀媒、微热点等分析系统及微热点研究院出品的大数据分析报告。在撰写过程中，我们参照了中国人民大学出版社 2016 年出版的，由周蔚华、徐发波主编的《网络舆情概论》；中信出版集团于 2020 年出版的，由中璋著、张雪魁老师主编的《效应：舆论传播的 100 个定律》，在此对两本书的编著者表示诚挚的感谢。

舆情行业的理论和实践实际上均处于一个不断探索和发展的过程中，我们在书中列举的观点尽量符合学界和业界的主流认知。但书中一些观点可能还存在争议，一些认知还有待厘清，也难免会存在一些瑕疵，恳请读者朋友们给予批评指正，以便后期不断对其进行补充完善。